いまどき部下をやる気にさせる5つのメソッド

松江隆明
Takaaki Matsue

KKロングセラーズ

はじめに

部下をやる気にさせるためには、一体どうすればいいのか――。

いま、上司という立場の人の多くが、この問いの前に立ち尽くしていると感じます。

自分が新人だった当時の上司と同じように「これをやれ」と頭ごなしに言ったところで、誰もついてこないことはわかってはいる。自分たちの世代とは、価値観や仕事への考え方が違うことも何となく知ってもいる。けれども、どうしていいかがわからない。手の打ちようがない、と嘆いている人もいるかもしれません。

私は、上司であるみなさんとそのような悩みを分かち合い、解決への一歩を踏み出してもらいたいと願ってこの本を書きました。

少し自己紹介をさせてください。

私は、企業経営のコンサルティングをしております、松江隆明と申します。

大学を卒業後、株式会社キーエンスに入社し、営業マンとしてがむしゃらに働きました。全西日本で営業ランキング1位を獲得するといった成績を出して自信をつけ、起業しました。

コンサルタントとして活動しながらも、福島正伸先生（株式会社アントレプレナーセンター代表取締役社長）をはじめとする人材育成のプロの元で学びを得ながら、専門学校の講師なども務めてきました。

コンサルティングにおいては、係長や課長、部長といったいわゆる上司の方々向けのマネジメント研修と若い世代向けの営業研修、この2つの研修の依頼が非常に多く、実績を上げていまに至ります。

ここで言う実績とは、「部下（おもに若い世代）がやる気になり、成果を出す」ということに他なりません。研修を受けてくれた方々の具体的な成果については、その一部を本書に記したので、後で見てくださいね。

いまでは自分の仕事に自信をもち、上司のみなさんを応援することにワクワクしている私ですが、実は、キーエンスを退職し、起業した後の約2年の間、実家にひきこもっていたことがあるのです。何もやる気が起きず、自分の部屋からほとんど出ることがない、完全なひきこもりでした。

当時の自分の写真が一枚だけ残っているのですが、ぷっくりと太り、表情も乏しく、目も虚ろ。そんな状態から抜け出すことができたのは、おかんの一言がきっかけでした。

おかんは私に、

「あんたは、幸せを手に入れるものだと勘違いしていないか？　あんたには仲間がいる。亡くなったお父さんがいる。そして、何より私がそばにいる。幸せは手に入れるものではなく、手の中にあるものに気づくこと」と言ってくれました。

私は、おかんがくれた

「幸せは手に入れるものではなく、手の中にあるものに気づくこと」

という言葉のおかげで、自分の人生を前に進めることができた。つまり、やる気を出し、失敗を恐れずに挑戦し続けられるようになったのです。

ですから企業研修では、この言葉のように、「あなたには数えきれないほどの魅力と可能性がある」ということをいかにして伝え、いかにして気づかせるか、を強く意識しています。

乱暴な言い方かもしれませんが、それさえできれば、あとはみなさん、勝手にやる気を出して成果を出してくれるのです。

ここでひとつだけ、研修でもよくやるワークを紹介します。

次の図を見てください。

□はいくつありますか？　大抵の人は、４×４＝16と答えます。ですが、この図の中には、同じサイズの□だけではなく、２つ３つと□をつなげた長方形もありますよね？

そう考えていくと、50とか60、と言う人も出てきます。

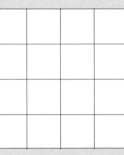

答えは、１００。□は１００個もあるんです！

何が言いたいのかと言うと、□は人の魅力と同じです。

パッと見ただけでは10数個しか魅力がないように思うかもしれませんが、どんな人にでも、数えきれないほどの、少なくとも１００個は魅力があるのです。もちろん、上司であるあなたにも、あなたの部下の一人ひとりにも。

さて、前置きが長くなってしまいました。

この本は、次の５つのメソッドにわかれています。

1章　「この人と一緒に仕事をしたい」と思われる上司になる
2章　部下が心を開くコミュニケーションのとり方
3章　部下が失敗を恐れず挑戦し、自信がもてるようになる導き方
4章　部下を感動させてやる気のギアを一気に上げさせる
5章　感謝と感動を広げ、やる気に満ちた組織へ

各章にはそれぞれ、具体的な方法論や、私が企業研修で実施しているメソッドをちりばめました。

1章から順番に読み進めてもらえれば、部下をやる気にさせ、ひいては組織全体のやる気をUPさせて業績を上げるという一連の流れにのっとってスムーズに理解していただけると思います。

とはいえ、難しいメソッドはひとつもありませんので、気になる項目、いますぐ知りたいと思われた箇所から読んでもらっても十分に役立てると自負しています。

それでは「部下をやる気にさせるメソッド」をお伝えしていきましょう！

2章 部下が心を開くコミュニケーションのとり方　77

3章 部下が失敗を恐れず挑戦し、自信がもてるようになる導き方 125

4章 部下を感動させてやる気のギアを一気に上げさせる 175

5章 感謝と感動を広げ、やる気に満ちた組織へ 215

1章

「この人と一緒に仕事をしたい」と思われる上司になる

01

部下の特徴である3つの「ない」

「何を考えているのかわからない」

「指示を出さないと何もしない」

「失敗を恐れて自分からは動かない」


部下に対して、こんな風に思ったことはありませんか？

だからといって、注意や指導の仕方を間違えると、ハラスメント問題に発展しかねない昨今。

どうすれば、部下をやる気にさせ、成果を上げさせることができるのかと、悩みを抱える管理職の方が多いのではないでしょうか。私も、多くの部長や課長といった役職の方々からこうした声を本当によく聞きます。


さて、いまどきの部下の特徴としては、次の3つがあげられます。

・行動力がない
・自信がない
・自分で考えられない

私は、Z世代と言われる1990年代半ばから2010年序盤に生まれた世代を対象とした営業研修も行っていますが、彼らを中心とする若い世代と日々接していると、この3つの特徴の背景がよく見えてくるようになりました。

では、3つの特徴を一つひとつ紐解いていきましょう。

◉環境も価値観もまったく異なる部下たち

【行動力がない】

例えば、ひと昔前であれば、「パイロットになりたい」という夢を抱いたら、とりあえず勉強しよう、とまっしぐらに突き進むことができました。

情報量が現在のように多くはなかったので、なれるかどうか、ではなく、なりたい！という気持ちがあれば夢を追うことができたとも言えます。

しかし、最近の若い人たちは、まず「パイロット　なる」と検索します。

そして、さまざまなサイトから学力や費用といった情報を得ることで、「なりたい」という気持ちよりも、「できない」「なれない」理由が優先してしまい、一歩が踏み出せなくなるのです。

何事においても〝まず検索〟から入り、失敗のないルートを選び、失敗の可能性がある場合は諦めるという行動をとりがちです。

生まれたときから低成長、高齢化社会という環境で育ったため、保守的で安定志向の傾向が強いとも言えます。

【自信がない】

自信がないという特徴は、日本人全体にあてはまることだと言えます。謙虚さが美徳とされるなど、文化的な背景も影響しているのでしょう。

その中でも特に、若い世代に自信のなさを感じるのはなぜでしょうか。

ＯＥＣＤ（経済協力開発機構）が実施した調査では、日本の高校1年生は、多数の国・地域と比較しても、生きる意味の感覚や自己効力感（目標達成のための能力を自分はもっていると認識すること）は極めて低く、失敗することへの不安がかなり強いという結果が出ています。

※ＯＥＣＤ生徒の学習到達度調査（ＰＩＳＡ２０２２）より

いまの若い世代は、過度に失敗を恐れているのです。

「失敗したら一発でアウト」「失敗は許されない」という意識が強い。

例えば、ＳＮＳでつぶやいた一言が炎上してしまったら、「人生詰んだ」と思ってしまう。なぜなら、それはネット上で晒され、デジタルタトゥーとして一生残ってしまうからです。

上司世代の方からは、「言われたことしかやらない」という部下に対する悩みをよく聞きますが、若い世代は、「指示された以上のことをやって、失敗したら一発でアウト」だと思っているのです。

仮に「一発でアウト」だとしたら、挑戦することに臆病になったり、怖くなったりするのは当然のことのような気がします。

また、若い世代は何事においても周囲と自分とを比較しがちです。SNSでキラキラと輝いている人を見ては、自分にないものばかりを見つけて自信を失ってしまう。このような周囲との比較も、自信のなさに関係しています。

【自分で考えられない】

少子化時代に生まれた若い世代は、基本的には大事に育てられてきました。社会に出るまでは、失敗しないようにと、常に周りの大人たちから守られてきたのに、社会に出た途端、「自分で考えろ」と言われてしまう。そんな状況下では、「えっどうすればいいの……」と思考停止になるのも仕方がないのかもしれません。

若い世代と接していると、彼らは自分の意見をもつこと以上に、周りの目をとても気にしていると感じます。

SNSを上手に活用する一方で、「常に誰かから見張られている」、「人と違う意見を発信すると、簡単に炎上して誹謗中傷を受けるので、周りの意見に同意するようにしている」と話す人もいます。

40代以降の人たちにとって、自分の意見をもつことは「素晴らしい」とされてきましたが、**若い世代は、自分の意見をもつことは「デメリットでしかない」と感じているのです。**

このように、みなさんが部下たちに感じている、「行動力がない」「自信がない」「自分で考えられない」には、理由があるのだということを前提としておいてください。

しかしながら、自分で行動し、失敗を繰り返しながら経験を積んでいかなければ、成功体験は得られませんし、自信をもつこともできません。

自信がないから動けない、動かないから考えられないという負のループを断ち切り、「大丈夫！　やってみよう」と一歩を踏み出すきっかけをつくるのも上司の役目です。

・行動力がない→自ら行動できる
・自信がない→自信をもつことができる
・自分で考えられない→自ら考えることができる

3つの「ない」を「できる」に変え、部下たちをやる気にさせれば、部下たちはどんどん成果を出し、自信をつけていきます。

自分が新人の頃は、上司から頭ごなしに「これをやれ」と指示されたことを、がむしゃらにこなして成果を出してきたのだ、という自負をお持ちの方もいると思います。しかし、それではいまの部下の心は動きません。

次項から詳しくお伝えするのは、部下たちが自ら考え動き、成果を出し、自信をもつためのメソッドです。

部下たちを変えるためには、まずは上司であるあなたが変わることからはじめましょう。

アップデート、スタートです！

POINT

部下の3つの特徴
「行動力がない・自信がない・自分で考えられない」を
「自ら行動できる・自信をもつことができる・自ら考えることができる」に変え、
部下をやる気にさせよう！

02

すべては部下を知ることからはじまる

ひと昔前は、昇進や昇給で部下をやる気にさせることができましたが、いまはそうはいかないことは、みなさんよくおわかりかと思います。

やる気とは、「こうなりたい！」という欲求と、「できるかもしれない」という自分の能力との掛け合わせです。

つまり、部下の「なりたい自分」を知ることが、部下をやる気にさせるための第一

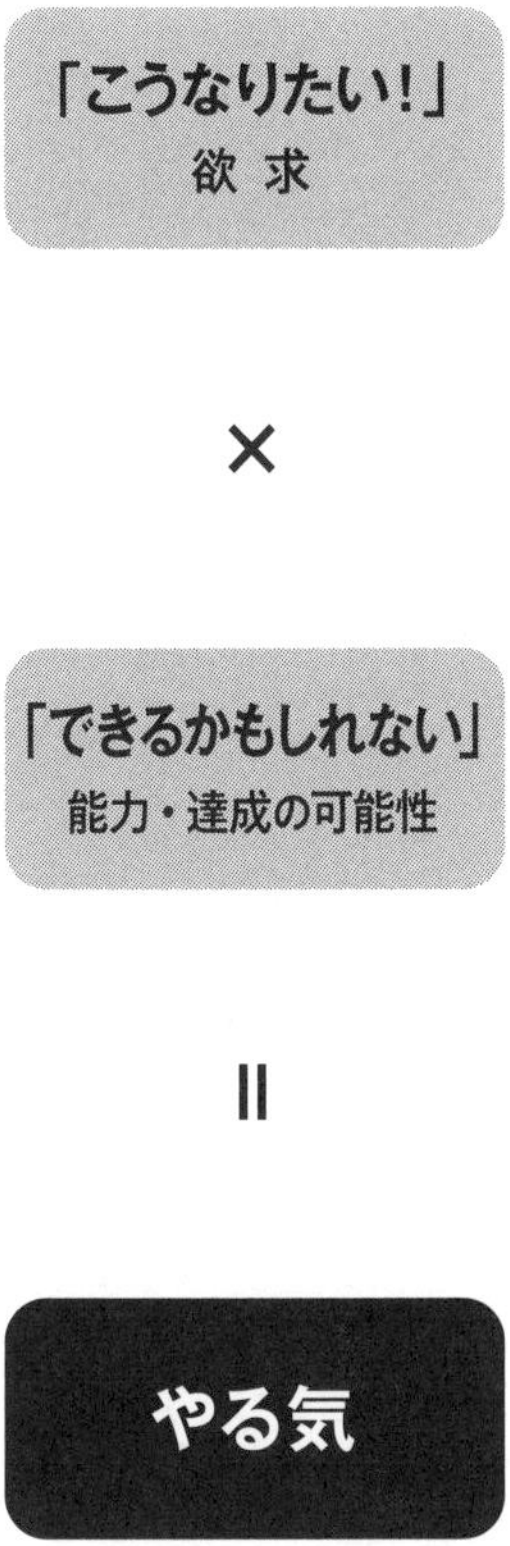

「こうなりたい！」
欲求

×

「できるかもしれない」
能力・達成の可能性

＝

やる気

歩なのです。

価値観が多様化する中、部下の「なりたい自分」も、一人ひとりが異なる姿を描くはずです。あなたが想定するものとはまったく異なる姿を描く可能性もあります。

かつてのように「出世したい」「トップになりたい」と言う部下は少数派かもしれません。

いずれにしても上司は、部下一人ひとりの「なりたい自分」を知る必要があるのです。

とはいえ、いきなり部下に「どうなりたい？」と聞いても、答えはほとんど返ってこないでしょう。

ここは焦らずに、部下に興味をもつことからはじめましょう。

◉部下に興味をもつ

まず、下のようなヒアリングシートを用意しておいて、あなたが知り得た部下の情報を書き込んでいきます。

入社時の面接の記録や履歴書等を参考にしても構いませんし、部下との雑談などから、少しずつ情報を集めるのもいいでしょう。

こうした情報から、部下は何を大切にしているのか？ どんなことに喜びを

ヒアリングシート

名前	学生時代の部活動
出身地と出身校	現住所
血液型	趣味
誕生日	好きな食べ物
あだ名	嫌いな食べ物
家族構成	尊敬している人
好きな本（漫画）や映画、You tube	出身地
得意技	やりたいこと

感じるのか？　と、想像してみてください。

それが、部下に興味をもつということです。

部下の人となりが掴めてきたら、次に、部下との面談の時間をつくりましょう。

◉「なりたい自分」と仕事を結びつける

面談では、部下の仕事状況を確認した後に、「なりたい自分」を聞いてください。

あなた：「あなたのやりたいことはなんですか？」

部下：「営業力を身につけて、いずれは起業したい」

右例の部下は、キーエンスにいた頃の私です。起業することを念頭に〝日本一営業力がある会社〟と言われるキーエンスに入社したようなものですから、入社当初から「なりたい自分」が明確でした。

このように「なりたい自分」がはっきりしている部下に対しては、そこに近づくために何をすればいいのか？ と、「なりたい自分」と目の前の仕事とを結びつけてあげましょう。

その際には、どんなことが必要だと思うか？ と部下に聞きながら、具体的なスキルや仕事内容に落とし込んでいきます。

例えば、「営業力を身につける」ために必要なステップについて考えてみると、次のような具体的なスキルが出てきます。

(例) 営業力を身につけるために必要なステップ

①業界の知識を身につける

必要なスキル　商品知識を深める
他社の動向を知る

②コミュニケーション力を高める

必要なスキル

顧客の要望や課題を聞き出せるようになる
先輩のアドバイスを取り入れられる
苦手な相手とも会話できる

③企画・提案力を身につける

必要なスキル

プレゼンテーション力を上げる
マーケティング力を上げる
物事を俯瞰して考えられる

④時間管理力を身につける

必要なスキル

プライオリティ（優先順位）の明確化
ゴールからの逆算力を身につける
暗黙知を形式知にしていく力（ノウハウ化）

など

そして、【必要なスキル】をいつまでにどうやって身につけるのか、を部下と話し合い、目標を設定しましょう。

ここから先は、部下を知るというこの項目のテーマからは内容が少しそれてしまいますが、部下のやる気を出させる上で重要なポイントがもうひとつあるので、続けさせてください。

◉成長していることを伝える

この項目のはじめに、やる気＝「こうなりたい！」（欲求）×「できるかもしれない」（能力・達成の可能性）だとお伝えしました。

部下に「自分ならできるかもしれない」と認識させるのは、他でもない上司であるあなたです。

したがって例えば、プレゼンテーション力を上げる、という目標を立てた部下に対しては、

「以前よりも聞き取りやすい話し方ができるようになったね」

「テンポがよくて主張がわかりやすかったよ」

「焦らずに最後まで周りを見ながら進められていたね」

というふうに、着実に成長していることを伝えることが大切です。

少しずつでも「なりたい自分」に近づいていることに気づかせてあげるのです。

POINT

部下の「なりたい自分」を聞き、日々の仕事を通して「なりたい自分」に近づいていることを伝える

「やりたいことがない」という部下へのアプローチ方法

前項では、「なりたい自分」がはっきりしている部下を例に出しました。

部下全員がそうであれば、上司の悩みは少なくて済みそうですが、おそらく、面談で「あなたのやりたいことはなんですか？」と聞くと、黙ってしまう、もしくは「わからない」「やりたいことはない」などと答える部下のほうが多いと思います。

でも、やりたいことがまったくない部下なんていません。みんな何かしらの欲求があるはずなんです。

普段の生活のなかで、「あなたはどうしたいの？」と聞かれることはまずありませんし、立ち止まって考えたことがないだけなのだと感じます。

私は2019年と2022年に、株式会社マイナビのイベントで講師を務めたことがあるのですが、学生からの「働くとは、どういうことですか？」という質問に対して、こう伝えました。

「働くとは、お金のためだけでなく、なりたい自分になるための手段だ」と。

すると、就職活動中の学生たちはすんなりと納得してくれました。

おそらく部下も、「働くとは、なりたい自分になるための手段だ」ということに反発はしないはずです。やりたいことや「なりたい自分」の姿が明確になっていないだけなのです。

ここからは、「なりたい自分」がはっきりしていない部下へのアプローチ方法を紹介します。

◉5年後、10年後はどうなっていたいか

「あなたのやりたいことはなんですか？」「どうしたいの？」といった漠然とした問いではなく、「5年後、10年後はどうなっていたいですか？」と、具体的な未来につ

いて聞いてください。

部下が25歳であれば、30歳、35歳という未来に、自分はどうなっていたいのか、を想像してもらうのです。

「お客様の困りごとを何でも解決できる営業マンになりたい」
「部下に慕われるリーダーになりたい」

右のような「なりたい自分」が出てくれれば、26ページの「◉『なりたい自分』と仕事を結びつける」と同様に、「なりたい自分」に近づくためには何が必要なのか？を一緒に考えながら、スキルや仕事内容に落とし込んでいってください。

（例）「お客様の困りごとを何でも解決できる営業マンになりたい」

①コミュニケーション力を高める

必要なスキル

顧客の要望や課題を聞き出せるようになる
先輩のアドバイスを取り入れられる
苦手な相手とも会話できる
頻繁に顧客に会いに行くといった行動力

②情報を分析する力を身につける

必要なスキル

幅広い商品知識を身につける
情報収集能力を身につける
情報を整理する力を身につける
論理的思考力を身につける

③気軽に相談してもらえるような人間になる

必要なスキル

オープンマインドを心がける
他人に興味をもつ
相手を否定しない
多角的に物事を捉えられる

この後の流れも、「なりたい自分」がはっきりしている部下への対応と同じで、小さな成長を見守り、「なりたい自分」に少しずつでも近づいていることを気づかせてあげましょう。

そこまでやらないと、やる気を出させることにはつながらないので、忘れないでくださいね。

一方で、

「5年後、10年後どうなっていたい？」と聞いて、

「現状維持でいい」

「特にない」

と言われたら、あなたはどうしますか？

このような受け答えをする部下は案外と多いものです。

◉仕事をする上で大事にしていることを聞き出す

「現状維持でいい」「特にない」ということは、現状に満足している、もしくはさしたる不満がないということなのかもしれません。

であれば、職場環境や給与、仕事内容など、その部下が何に満足しているのかを聞き出しましょう。

職場環境に満足しているとすれば、職場のどんなところに居心地のよさを感じるのか。チームメンバーなのか、快適なオフィスなのか、上司や後輩との関係なのか、定時で帰れることなのか……と深堀りしていく。

すると、**その部下が「仕事をする上で大事にしていること」が見えてきます。**それは部下の価値観であり、「なりたい自分」の一部分だと言えます。

例えば、チームメンバーとの関係を大事にしている場合には、

「チームがもっといい状態になるためにはどうしたらいいと思う?」

と、部下が大事にしていることの未来をよくするために、いまできることは何か? と、いまの仕事に紐づけてあげてください。

◉尊敬している人について詳しく聞く

また、尊敬している人について聞くという方法もあります。

25ページのヒアリングシートにもある「尊敬している人」について、「なぜ尊敬しているのか」「どんなところに惹かれるのか」と詳しく聞いてください。憧れの人でも構いません。

私の場合は、尊敬している人は? と聞かれたら、坂本龍馬と答えます。彼の、人と人とをつなげて事を成していくところに惹かれています。私もそうなりたいと憧れているのです。

尊敬している人のどこに惹かれるのかを聞くことで、部下の潜在的な「なりたい自分」が見えてくるということです。

◉充実体験を聞く

最後に、充実体験を聞くという方法についてもお伝えしましょう。

充実感は、目標に向かって困難を乗り越え、本気にならないと得られません。だからこそ人は、またあの充実感を得たいと思うのです。

したがって、充実感を得た体験には、「なりたい自分」が隠れていると言えます。

どのようにして困難を乗り越えたのか？　そのときにどんな役割を果たしたのか？　ワクワクしたのはどの瞬間？　と、充実感を得たときの体験を聞いてみましょう。

あなた：「いままでの経験の中で充実感を感じたのはどんなこと？」
部下：「え～っと……」（リア充ってこと？ そんな充実感なんて感じてないけど）

このように、充実体験は？ といきなり聞いてしまうと、大半の部下は困ってしまうと思います。

そこで、25ページのヒアリングシートをもとに、部活や趣味、アルバイトなど、過去の経験について聞いてみてください。

「○○さんはサッカー部でしたよね？ 練習は大変でしたか？ サッカーのどういうところが好きなんですか？」
「居酒屋のアルバイトは体力仕事ですよね。3年も続けてすごい！ どうして続けられたのですか？ 一番楽しいと感じたのはどういうときですか？」

などと、部下の経験を聞くうちに、大変だったけれど楽しかったことや、ワクワクしたことがわかります。それこそが充実体験です。

例えば、サッカー部だった部下が、「ゴールを決めた瞬間はもちろん気持ちいいけれど、自分が立てた戦略が思い通りに行ったときのほうが嬉しかった」などと話してくれたとします。

その部下は、自分個人の成果よりも、事業全体の戦略を組み立てることに喜びを感じるのかもしれない。そのようなヒントから、部下の潜在的な「なりたい自分」が見えてくるのです。

POINT

やりたいことがない部下はいない。部下の「なりたい自分」を知るためのアプローチ方法を試す

部下が求める上司像とは

理想の上司像は時代によって変遷します。

昭和の時代は、「俺についてこい」という強い上司が理想とされました。平成はその反動で、部下を傷つけない優しい上司がもてはやされました。

そしていまは、部下とともに仕事を楽しめる、ワクワクしている上司が求められています。上司自身がワクワクすることで、部下は、この人といると、自分も未来も明るくしてくれそうだという希望を感じるのです。

もしあなたが、「部下がついてきてくれない」と悩んでいるとしたら、それはあな

明日のプレゼンが
楽しみだ!
あの企画を
やりたい!

た自身が、仕事を楽しめていないからかもしれません。

いつも眉間にしわを寄せて難しい顔ばかりしていませんか？

◉上司に必要なのは、正しさよりも明るさ、楽しさ

私は、「若い世代は楽しさの中で力を発揮する」のだと、かつて講師をしていたウエディング専門学校の生徒たちから教えてもらいました。

当時の私の講座は2つで、ひとつは内定獲得のためのスキルを教える「就職対策講座」。もうひとつは、入社した組織で一番になるためのトレーニングである「社会人即戦力講座」でした。

興味深かったのは、2つの講座を受けた学生にアンケートをとったところ、後者のほうが断然人気だったのです。

その理由は講座の進め方にあったようです。

前者は、私が一方的にスキルを教える座学で、後者は、私も含め参加者全員で楽し

みながら学び合うアクティブラーニングだったのです。

若い世代は、「これが正解である」とただノウハウを教えられるだけよりも、みんなで楽しむ参加型の方が、より積極的に学びを得ようとします。

2023年に全国高等学校野球選手権大会で優勝した、慶應義塾高校野球部の部訓である「エンジョイ・ベースボール」も同じだと思います。

甲子園で笑顔を見せながらプレーする選手たちが話題になりましたが、おそらく選手たちは、「より高いレベルの野球を楽しみたい」と、常にエンジョイするための努力をしてきたはずです。

そして、誰よりも「エンジョイ・ベースボール」を貫いてきたのは、チームを束ねる監督だったのではないでしょうか。

ひるがえって、私も、企業研修や講師をする際には、参加者を楽しませたい、ワクワクさせたいと考え、まず自分自身が楽しむことを大切にしてきました。

もちろん、職場は真剣勝負の場。ただ楽しければよいというものではありません。

ですが、上司がつまらなそうに仕事をしていたり、イライラしていたりしたら、部下は一緒に働きたいとは思いません。

なによりも、上司からの指示は、自分が嫌だと思う仕事を押しつけてきていると思われかねません。

まずは上司であるあなたが仕事を楽しむことを心がけてください。

そして、正しさよりも明るさと楽しさの中でこそ、部下たちは力を発揮するのだということを覚えておいてください。

では次に、具体的に部下が上司に求めていることを見ていきましょう。

◉部下が上司に求める3つのこと

【一人ひとりを承認する】

部下たちは、「個性が大事」「あなたは存在しているだけで価値がある」と言われて育ってきた人が多いので、仕事においても、まず部下を承認してあげることが必要です。

承認するためには、部下のいい点を見つけて、一人ひとりに伝えましょう。


「電話の対応が丁寧ですね」

「気持ちいい挨拶をしますね」

「職場を明るくしてくれてありがとう」

など、仕事の評価とは関係ないと思われるようなことでもよいのです。

「あなたのことをちゃんと見ているよ」ということも伝わります。

【理解しようとするのではなく尊重する】

部下の価値観を理解しようとする必要はありません。

理解しようとしても結局理解ができないから、相手を否定したり、自分の価値観を押しつけてしまったりするのです。

例えば、仕事よりも趣味を優先したいという部下の価値観が理解できないから、「俺の若い頃は、休日関係なく仕事をやったのに」などと自分の価値観をもとにつぶやいてしまうわけです。

理解しようとするのではなく、「そうなんですね」と相手の価値観を尊重する。自分と相手は異なる価値観をもっているという前提に立って、相手が大切にしていることを尊重することが必要です。

【丁寧なサポート】

若い世代が「失敗したくない」と考える理由のひとつは、自己責任だと責められるのが怖いからだと考えられます。ましてや、上司から責任を押しつけられるようなことがあったら、完全にやる気を失ってしまう可能性もあります。

仕事を任せる際には、「やっといてね」というような丸投げは禁物。

特に新人の部下に対しては、丁寧に仕事の内容ややり方を伝え、不安に思っていることや状況を聞き、アドバイスをするといったサポートが不可欠です。

場合によっては、あなた自身ではなく、部下の先輩にあたる別の部下にサポート役をお願いしてもいいでしょう。

ひと昔前の理想的な上司像は、「率先垂範」だとされていました。率先垂範とは、人より先に立って物事を行い、模範となることです。平たく言えば、上司は、同じようにやってみろと部下に背中を見せ、部下はその背中を見ながら必死についていくことで成長してきたということです。

確かに、自ら行動するという考え方はいまも大切ですが、部下を成長させるという観点から言うと、率先垂範は古いやり方です。

いずれにしても、**部下が成功できるようにサポートするのが上司の責任なのです。**

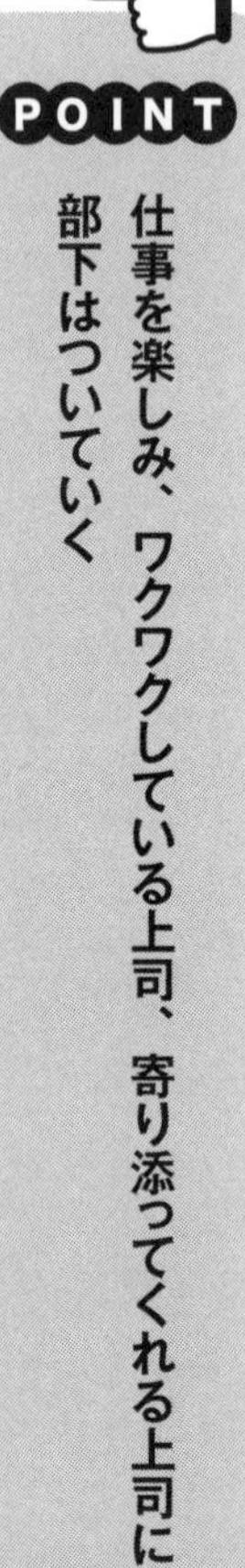

POINT
仕事を楽しみ、ワクワクしている上司、寄り添ってくれる上司に
部下はついていく

05

部下の話をきちんと聞いていますか？

「部下と何を話せばいいのかわからない」という声をよく聞きますが、あなたが話すのではなく、部下の話を聞いてください。

部下は「話を聞いてほしい」と思っています。

きちんと話を聞くことで、部下は「この人なら安心して話すことができる」と心を開いてくれます。

ここで、部下の話を聞くときに役立つ、「傾聴のポイント」をおさえておきましょう。

◉傾聴の基本は3ステップ

【ステップ1】聞く

フェイスtoフェイスではなく、体を相手に向けて、ハートtoハートで。

「すみません、〇〇さん」と部下に話しかけられたら、パソコンに向かったまま、もしくは、顔だけをくるりと相手に向けて「何?」と返事をするのではなく、体ごと部下のほうを向いて、話を聞くように心がけてください。

【ステップ2】聴く

部下が話しているときは、うなずきながら聴きましょう。

「はい」や「おお」「なるほど」と、同意や納得を短い言葉で表現することも効果的です。

ときには笑顔になったり、「ええっ!」と驚きながら少し体を反らしたりするなど、表情や動作も加えることで、より「聞いていますよ」と伝わります。

また、そうすることで部下も話すリズムがつくりやすくなるのです。

【ステップ3】訊く

最後は、なぜ(Ｗｈｙ)を問います。

「なぜそう思うのですか？」と部下の気持ちを訊き出すのです。

相手から「なぜですか？」と問われたら、改めて「なんでだろう？」と自分の中で考えを巡らせ、それまでには気づけなかったことに気づくことができます。

部下は、そのようにして気づきを与えてくれる上司には、もっと話を聞いてもらいたい、一緒に頑張っていきたいと思うようになるのです。

◉部下の話を聞くときにやってはいけないこと

部下が話そうとしているとき、次の行為はＮＧです。

- 否定する
- 話をさえぎる
- 話を奪う
- 最後まで話を聞かない

どうしても自分の経験値や価値観を押しつけてしまいがちですが、まずは部下の話を最後までしっかり聞きましょう。

ちなみに、「いまどきの部下は飲み会に来ない」と思っている方が多いようですが、それは勘違いです。

大半の部下は、飲み会が嫌いなわけじゃありません。

上司の武勇伝や愚痴を聞きたくないだけで、自分の話を聞いてくれる場であれば率先して参加します。

やはり、上司は部下の話を聞けるようになる必要があります。

POINT

部下は「話を聞いてほしい」と思っている。傾聴の基本をおさえて、部下の話をきちんと聞く

06

部下からの相談にどのように対応していますか?

「○○の件でご相談があるのですが……」

部下がそう言ってきたとき、あなたはどのように対応していますか?

部下の相談にきちんと応えることは、部下があなたに一層心を開いてくれるようになるチャンスであり、部下がやる気を出すきっかけにもなります。

その際、**「~しなさい」「~すべきだ」「~したほうがいい」というふうに答えるのはNGです。**

部下の問題を解決するのではなく、部下が自分で問題を解決するための勇気を与えてください。

そのためには、傾聴力をアップしておきたいところ。

傾聴力がアップする方法をひとつご紹介します。

◉「対象＋感情＝オウム返し」をやってみよう

傾聴力のアップには、「対象＋感情＝オウム返し」という方法を用います。

ここで言う「対象」とは、部下の話を整理して要約すること。

「感情」は、部下の感情をすくい取ることを意味します。

その「対象」と「感情」を、「こういうことがあったんですね。そして、○○さんは△△な気持ちだったんですよね」とオウム返しします。

人は意外と、自分が何に困っているのか、何に悩んでいるのかがわからない状態で話し始めてしまうものです。

「対象＋感情＝オウム返し」を使い、部下が伝えたい話の内容と感情を整理してあげることで、「この人は私の言いたいことも、気持ちもわかってくれる」と安心し、心を開いてくれるようになるのです。

対　象
（相手の話を要約する）

○○なことがあったんですね

＋

感　情
（相手の感情をすくい取る）

△△な気持ちだったんですね

このようにして相談内容を整理した上で、改めて**短い言葉で「I（アイ）メッセージ」を伝えましょう。**

つまり、「私だったらこうする」ということを伝えるのです。

「私のときはこうしたよ」という、自分の過去の具体的な経験でも構いません。

くどいようですが、大事なことなのでもう一度言わせてください。

決して、「～しなさい」「～すべきだ」「～したほうがいい」といった答えを言ってはいけません。

上司であるあなたがするべきは、部下の問題を解決することではなく、部下が自分で問題を解決するための勇気を与えることなのです。

POINT

部下から相談を受けたら、部下の言いたいことと気持ちをすくい取り、I（アイ）メッセージを伝える

07

部下の存在は当たり前じゃない！　感謝神経を高めよう

あなたがいまの役職についているのは、自分自身が頑張ってきたからです。

しかし、部下はそんなあなたを支えるために存在しているわけではありません。

また、部下に対して、「これをやれ」「あれをやれ」と頭ごなしに言ってしまう方がいるとしたら、それは、部下の存在を当たり前だと思ってしまっているのでしょう。

それでは部下は動きません。

部下をやる気にさせるには、まずあなたが、部下一人ひとりに感謝の気持ちをもつ必要があるのです。

私は、相手や物事に感謝の気持ちをもち、「ありがとう」と伝える力のことを「感謝神経」と呼んでいます。

感謝神経を高めることができれば、部下のやる気も高めることができます。

なぜなら、「ありがとう」と言われると、自分がしたことが報われたと感じたり、もっとやってみようと意欲的になったりします。感謝の気持ちを伝えられると、それだけで嬉しくなったり、こちらこそ、という温かな気持ちになったりしますよね？ それは部下も同じということです。

単純なことのようですが、意外なほどに、部下に対して感謝の気持ちをもてていない、あるいは、部下に「ありがとう」を伝えられていない上司の方が多いと感じます。

「うまく行かないとき、常に、感謝が足りていないとき」

これは、様々な業態の飲食店を手掛ける赤塚元気氏（株式会社DREAM ON代表取締役社長）と話した際に、赤塚氏がおっしゃっていた言葉です。ここで言う感謝は、部下に対する感謝だけではありませんが、私はこの言葉から、感謝することの大切さを改めて教わりました。

部下に感謝の気持ちをもち、伝えるためには、感謝神経を高める必要があります。感謝神経を高めるトレーニングは決して難しくはないので、さっそくトライしてみてください！

◉感謝神経を高めるトレーニング〈感謝の気持ちをもつ〉

【1日15分の感謝タイム習慣】

毎日15分、部下がやってくれたことに対して感謝する時間を設けてみてください。感謝タイムは、通勤電車の中でも業務中でも構いません。おすすめは始業前の15分。感謝の気持ちがわいているという、非常に前向きな状態で部下と接することができます。

【1日3つの感謝】

15分の感謝タイムが負担に感じる場合は、1日3つ、部下に対して感謝することを挙げましょう。大きなことじゃなくていいのです。

例えば、

・デスクを拭いてくれた
・電話の取次ぎをスムーズにしてくれた
・笑顔で挨拶をしてくれた
・会議で発言してくれた

といった小さなことで構いません。ササッとメモ書きレベルでいいので、紙に書き出してみてください。書くことで感謝の実感がわいてきます。

【当たり前のような感謝をたくさんする】

日常におけるあらゆることに対して感謝してみてください。

・蛇口をひねったら水が出る、感謝！
・空が青いなあ、ありがたいなあ

と、文字にしてみると実に当たり前のことと思われるかもしれませんが、このような何でもない感謝をしていると、実はすべてのことが当たり前ではない、ということに気づくことができます。

このような感謝をたくさんするうちに、感謝の気持ちをもつことが習慣化し、部下に対しても、自然と感謝の気持ちをもつことができるようになっていきます。

感謝の気持ちをもつことができるようになったら、次は、その気持ちを相手に伝える習慣を身につけましょう。

◉感謝神経を高めるトレーニング〈感謝を伝える習慣〉

【朝礼で感謝を伝える】

例えば「昨日の感謝」と題して、朝礼などで、部下に感謝を伝える時間を設けましょう。

「昨日○○さんが作成してくれた資料の△△部分が非常にわかりやすく、とても助かりました。ありがとう」

などと、感謝したい内容と「ありがとう」を伝えます。

【サンキューカード】

カードに、感謝の内容と気持ちを書いて伝えるサンキューカード。

これは、実施している組織も多いです。

基本的にサンキューカードは、組織内で全メンバーが「ありがとう」の気持ちを互いに手紙に書いて発表する、という形式で行われますが、まずはあなたが、部下に対してサンキューカードを書いて発表することから始めてもいいと思います。

感謝を伝えるうえで大切なのは、その伝え方です。

必ず、一人称で伝えてください。

「○○をしてくれて、私が嬉しい」、「○○さんがいてくれることに私が感謝している」という自身の感情を部下に伝えるのです。

◉感謝神経を高める過程で得られる効果

部下に感謝の気持ちをもとうとすると、相手の悪い点やできないこと、短所よりも、よい点やできること、長所に目が行くようになります。

すると、いままでは気づかなかった、「会議室を片づけてくれていたんだ」とか「資料をわかりやすく並べてくれていた」といった部下のよい振る舞いや長所に気がつけるようになります。

「ありがとう」と伝えることで、会話の糸口が生まれたり、相手がいまどんな状況なのか？ と気を配れるようにもなります。

さらに感謝には、

・いくら伝えても減らない
・いくら伝えてもお金がかからない
・伝えれば相手も自分も嬉しい
という喜ばしい3つの法則があります。

こんなにいいこと尽くしの感謝を職場において使わない手はありません！

部下に対して感謝の気持ちをもち、「ありがとう」を伝えられる、感謝神経の高い上司へとアップデートしましょう。

POINT

まずは部下に感謝の気持ちをもつことが大切。「感謝神経」の高い上司になろう

「ピンチをチャンスにする」を徹底しよう

管理職向けの企業研修を行っていると、「自分にはリーダーシップがないからなあ……」と自信をもてずにいる方が実に多いと感じます。

リーダーシップとは、指導者、先導者としての力量を意味します。

リーダーシップがとれるというのは、具体的に何ができることなのかというと、次の3つができることだと私は考えています。

・他人のせいにしない
・行動できる
・ピンチをチャンスにする

1つ目と2つ目はよく言われることですが、なかでも重要なのは、3つ目の「ピンチをチャンスにする」です。

「ピンチをチャンスにする」とはどういうことか。

私の考える「ピンチをチャンスにする」というのは、すべての物事の捉え方を、マイナスからプラスに変え、チャンスにするということです。

例えば、口下手なAさんが営業職に配属されたとしたら、口下手であること自体がピンチですよね？ 顧客とコミュニケーションをとらなければならないわけですから、大変です。

口下手というピンチをそのままマイナスに捉えると、Aさんは必要以上にプレッシャーを感じ、顧客の前で言葉が出ずに焦ってさらに言葉が出なくなるという結果を生むかもしれません。

では、

口下手、すなわち、思いを言葉にすることに時間がかかるというピンチをプラスに捉え、チャンスにしてみます。

・顧客のことを調べておくチャンス
・自分の考えを整理しておくチャンス
・段取りを文章化しておくチャンス
・相手の話を聞くチャンス

このようにチャンスにできれば、行動も結果もおのずと変わってきます。

「ピンチをチャンスにする」ということは、ピンチな出来事や状況をプラスに捉え、チャンスにすることなのです。

ここでひとつ質問です。

「一生懸命話しても全然話を聞いてくれない人がいる。この人に話を聞いてもらうためにはどうすればいいですか？」

この質問に、あなたならどう答えますか？

「もっと話しやすい内容を振る」

「相手が話しやすい雰囲気をつくる」

といったやり方を答える人が多いと思います。

しかしこれらは、その場しのぎのピンチを脱しようとする方法にすぎず、状況を変えることはできません。


目の前の事象は自分を映し出す鏡です。

相手が話を聞いてくれないということは、自分もその人の話を聞いていないということなのです。

まずは自分が、相手の話をしっかり聞くようにする。そう気づくことこそが、「自分が成長するチャンス」だと捉えられれば、状況を変えることができるのです。


右の例のように、**多くの場合、人は「ピンチを脱すること」に意識が向きがちです。**

しかし、ピンチを「よりよい未来に向かうためのきっかけ」だとプラスに捉え、どう動けばいいのかを考えることが、チャンスにするということです。

「ピンチはチャンス」という言葉は新しい言葉ではありません。むしろよく使われてきたフレーズです。しかし、「ピンチをどうやってチャンスにするのか？」ということについては、あまり語られてこなかったように思います。

だからこそ私は、ピンチをどのように捉えるか？ というところから考え、企業研修を通してチャンスにする方法を伝えてきました。

実際に、100億円企業であるコスモヘルス株式会社代表取締役社長の小塚崇史氏も、

「コミュニケーション研修の講師やプレゼン研修の講師は多数いるが、『捉え方』を教える講師はなかなかいない。ピンチをチャンスに変える人材を育てたいと考え、松江さんに継続して研修を依頼しました」。

と言ってくださいました。

「ピンチをチャンスにする」ことは、上司の方々にどうしても身につけてもらいたいスキルなので、実例をもとに解説を続けます。

◉「ピンチをチャンスにする」で行動も結果も変わる

ピンチをそのままマイナスに捉えてしまう人と、ピンチをプラスに捉えチャンスにする人とでは、一体どんな違いが出るのか。

営業現場を例に考えてみましょう。

下のイラストを見てください。

「契約の継続をお願いしにいったら断られてしまった」という同じピンチでも、AさんとBさんとでは、捉え方がまったく違うと思いませんか？

「契約を断られた」事実を変えることはできませんが、それをマイナスにするのかプラスにするのかは、あなたの捉え方ひとつなのです。

なによりもピンチに対する捉え方が違うと、そのあとの行動も変わってきます。

下のイラストは、AさんとBさんの「その後」です。

先ほどのピンチの後、別のクライアントに契約のお願いをしにいくとどうなるかを示しています。

ピンチをプラスに捉えチャンスにすれば、行動も結果も変わります。日常生活においてもそれは同じ。ピンチをプラス

別のクライアントに契約の継続をお願いにいく

Aさん ピンチをマイナスに捉えた

行動例：落ち込んで自信をなくし、前向きになれない。前向きになれないから、前回の見直しもきちんとできない。またダメかもしれないと不安な面持ちのまま、同じような提案をする。

また断られる

Bさん ピンチをプラスに捉えチャンスにした

行動例：契約を断られたクライアントに意見やマイナス点を聞き、それらを改善した案を考え提案する。

成 約

に捉えチャンスにすれば、人生が前向きになり、豊かになると言っても過言ではありません。

ここで、大きなピンチをチャンスにし、成果を出したある経営者の例を紹介しましょう。

2016年9月、青森県津軽地方は大型の台風に襲われました。津軽地方といえばりんごの生産地。ちょうど実りの時期を迎えていたりんごの9割は、台風によって落とされ、出荷できない状況になってしまいました。どうしようもない状態だとリンゴ農家さんの多くは途方に暮れたはずです。

ところが、あるりんご農園経営者は、「9割のりんごが出荷できなくなった」という事実をプラスに捉え、チャンスに変えました。1割残った落ちなかったりんごを、「落ちないりんご」として受験生に販売したのです。「落ちないりんご」は瞬く間に完売し、リンゴ栽培は息を吹き返しました。

この例からは、どんなピンチであってもチャンスにすることができる、ということもわかります。

ピンチをチャンスにするためには、意識を変えていく必要があります。

次からは、ピンチをチャンスにするための、トレーニング方法をお伝えします。

◉「ピンチをチャンスにする」を習慣化する

まず、仕事や日常の中での困りごとや悩みごと、失敗したことや嫌だなと思っていることなど、思い当たるピンチを紙に書き出してみてください。

そして、それらのピンチ一つひとつに対して、どんなチャンスにできるかを考え、最低3つは書き出してください。

（例）

ピンチ スマートフォンを落とした

・買い替えのチャンス
・スマホ内のアプリや連絡帳などを整理するチャンス
・交友関係を見直すチャンス
・SNSの使い方を見直すチャンス
・緊急時の連絡方法を見直すチャンス
・スマホ以外の大切なものに気づくチャンス

ピンチ　会社に遅刻しそう

・部下に頼るチャンス
・始業とは異なる職場の雰囲気を感じるチャンス
・遅刻の報告をする体で上司と話すチャンス
・朝時間を見直すチャンス

私は毎日、3つのピンチをチャンスにする、ということを自分に課していた時期があります。ピンチを3つ書いて、それぞれに数個ずつチャンスを挙げて、毎日仲間にメールで送っていました。

それをしばらく続けていると、あるときから常に、「これは何のチャンス?」とピンチをプラスに捉えられるようになったのです。

さらに、私はこう捉えるようにもなりました。「ピンチがないこと自体がピンチ」だと(笑)。というのは、ピンチがないということは何も行動していない、成長できていない証拠だからです。行動していれば、必ずピンチは訪れます。

「ピンチをチャンスにする」はトレーニングあるのみです!

一日一つのピンチをチャンスにするだけでも構いません。ぜひトライしてみてください。

そうして、どんなピンチもチャンスにする上司へとアップデートしましょう!

どんなピンチもチャンスにする上司へとアップデートできれば、今度は部下のピンチをチャンスに変えることもできる。このことは、部下をやる気にさせて成果を上げさせる上で最も必要なことだと言えるのです。

部下のピンチをチャンスに変える具体的方法は、3章でお伝えします。楽しみにしていてくださいね。

POINT

能力に差はない、捉え方に差が生まれる。
どんなピンチもチャンスにする習慣を身につける

2章

部下が心を開く
コミュニケーションのとり方

「あなたのことを気にかけている」と伝わる声かけが不可欠

1章は、上司であるあなた自身が変わるためのメソッドを紹介しました。
2章のテーマは、部下とのコミュニケーションにまつわるメソッドです。

部下とのコミュニケーションには、1章でもお伝えしたように、部下のことを尊重し、寄り添う気持ちをもつことが前提となります。
そのようなあなたの思いがきちんと伝われば、部下は心を開き、自ら考え動けるようになっていきます。

それではさっそく、部下への声のかけ方からチェックしていきましょう！

◉必ず名前を呼ぶ

みなさんが意外と忘れがちなのが、部下の名前を呼ぶことです。

「おはよう」ではなく、「○○さん、おはよう」。

「お疲れ様」ではなく、「○○さん、お疲れ様」。

このように、挨拶ひとつをとっても、名前を呼ぶことが大切です。

何か聞きたいときやお願いしたいときはなおのこと、きちんと部下の名前を呼んでください。

名前を呼ぶことは、相手を尊重することにつながります。

部下からすれば、「この人は自分のことを気にかけてくれる」と感じるのです。


そして、部下全員に対して同じ敬称を使ってください。

部下との関係性の違いによって、「○○ちゃん」や「○○くん」だったり、「○○さん」だったり、と部下によって異なる敬称を使うのは避けましょう。

部下は、自分がどのように呼ばれるかだけではなく、自分の仲間がどのように呼ばれるのかを聞き、そこから上司の気持ちを推しはかろうとします。

仮に、Aさんのことは「Aさん」と呼び、Bさんのことは、「○○ちゃん」と呼ぶとします。するとAさんは、上司とBさんは仲がいいんだな……と疎外感を感じるかもしれません。もしくは、Bさんをひいきしていると誤解する可能性もあります。または、自分だけ「○○ちゃん」と呼ばれるBさんは、上司から軽く見られている、バカにされていると感じてしまうこともあるのです。

親しみを感じる部下に対して、「○○ちゃん」やニックネームなどで呼びかけたい気持ちはわかります。ですが、そこはぐっとこらえて、部下全員に対して「○○さん」と同じ敬称で呼びかけましょう。

そのような上司の振る舞いは、**部下全員を平等に尊重する態度として部下の目には映る**はずです。

私が在籍していたキーエンスにおいても、役職に関係なく、すべての社員を尊重するという意味合いから、「○○さん」はルール化されていました。

◉短い＆前向きな声かけを心がける

また、名前を呼ぶことにプラスして、短い内容の、前向きな声かけを積極的に行ってください。

これは、親しく話をしたことのない部下や、仕事の相談をしてきたことのない部下といった、あなたとは少し距離のある部下に対して行うと、より効果的です。

どういうことかというと、まずは私の経験をお話しします。

私が講師をしていた専門学校には、ちょっと斜に構えたような生徒や授業に前向きではない生徒がいました。そのような生徒に対して私は、名前を呼ぶことだけではなく、短い内容の声かけをたくさんするように心がけていました。

「○○さん、さっきの答えはすごく考えさせられたよ」

「○○さん、いい意見をありがとう」

というふうに、意識的に前向きなメッセージを伝えました。

すると次第に、生徒たちからも声をかけてくれるようになり、授業に向かう姿勢もどんどん前向きなものへと変わっていったのです。

職場においても、

「○○さん、今の電話は、相手の立場に立てていたよね」

「○○さん、さっきの説明はわかりやすかったよ」

などと、**なるべく短い内容で、前向きな声かけを心がけてください。**

このような声かけを積極的に行うことで、部下の心を開かせることができます。

ここまでは、一人の部下に対する声のかけ方ですが、会議やミーティング、ランチなど、数人で話をする場面ではどうでしょうか。

◉ひとりぼっちをつくらないように話を振る

数人で話をする場面では、部下それぞれに話を振ってあげることが大切です。
もちろん「自分の話を聞け」という姿勢は、NGです。
その場にいる部下一人ひとりの意見を聞く姿勢を見せましょう。

はきはきと意見が言える部下もいれば、おとなしくてあまり意見を言わない部下、すみっこでうつむいている部下もいると思います。それぞれのタイプを踏まえた上で、話を振りたいところです。

特に、自分から発言しない部下には、「○○さん、この意見はどう思う?」「○○さん、○○と○○だったらどちらがいいと思う?」というように、相手が答えやすい質問を投げかけるといいでしょう。
そうすることで、**「私はひとりぼっちじゃない、仲間に入っている」という安心感を与えることができます。**

その場にいる部下全員が、「私もメンバーの一人として見てもらえている」と思える雰囲気をつくるのが上司の仕事だと言えます。

そのような意味では、事前にミーティングや会議などのテーマが決められる場合には、「次のミーティングは○○さんから意見を言ってもらってもいいですか？」と、自分から発言しない部下に、あらかじめ話す内容を考えておいてもらうのもひとつの方法です。

部下からすれば、事前に意見を用意しておくことができるので、安心して場に臨むことができます。

POINT

部下に声をかけるときには、必ず「○○さん」と名前を呼ぶ。何人かで話す際には、一人ひとりに話を振る配慮をする

10

やる気を失わせる言葉・やる気にさせる言葉

部下とコミュニケーションをとるにあたり、性格や価値観、タイプなどを把握していたほうが相手の心を動かしやすいのは当然のことですが、なかには、多くの部下の心に刺さる言葉も存在します。同様に、多くの部下の心を萎えさせてしまう言葉もあります。

この項目では、部下のやる気を失わせる言葉と、部下をやる気にさせる言葉を集めてみました。

普段あなたが口にしている一言はこの中にありますか？

◉部下のやる気を失わせる言葉

「この間も同じミスをしたよね、大丈夫なのか？」

過去の失敗を思い出させる言葉は、また同じことを繰り返してしまったらどうしよう……と部下を不安にさせるだけです。

営業職であれば、「先月も未達成だったよな。今月は大丈夫か？」などと言われると、責められているとしか思えないでしょう。

「同じことを言わせるな！」「どうしてできないの！」

このような**相手を批判するだけの言葉**の裏には、上司の「私には責任はない」「私は悪くない」といった態度が透けて見えます。「何回言えばわかるんだろう」といったつぶやきも同じです。部下はそのような上司の態度にうんざりしてしまうのです。

「気合いで頑張れ！」

まさに昭和の**根性論**。気合いの必要性を否定するわけではありませんが、それを相手に強要してはいけません。

的確なアドバイスを求めているのに、気合いだ！ 根性だ！ と言われた部下はますます動けなくなってしまいます。

「とりあえずやっておいて。何かあったら言ってね」
「部長が言ってたからやっておいて」

部下への丸投げ、無責任な言葉は、コミュニケーションを拒絶しているようにも聞こえます。後者の「部長が言ってたから」というのは、上司の判断を鵜呑みにして、自分では何も考えていないということを言ってしまっているようなものです。

こうした言葉を浴びせる上司を信頼することは難しく、頼りないな……と部下の不信感は募り、やる気も失われてしまいます。

◉部下をやる気にさせる言葉

「まだ1週間あるから、○○さんならできる！」

未来をイメージさせて、できると気づかせる言葉。

プレゼンまであと1週間。プレゼン資料のつくり直しを指示する際の言葉を例にしました。

いまやるべきことを冷静に考えるためには、未来をイメージして逆算させることが肝要です。あなたならできる、と勇気づけることも忘れないようにしましょう。部下が「よし、できる」と気づけば、自ら動きます。

「あと一週間しかないよ、できるの？」と追い詰めるような言葉は、部下を不安にさせ、逆効果となるでしょう。

「一緒に考えよう」

私は、企業研修を通して「人は〝自分は一人じゃない〟と感じたときに最大限の力を発揮する」と実感してきました。

「一緒に考えよう」という言葉は、**あなたは一人じゃないと伝える大切なメッセージ**です。

部下が壁を乗り越えようとしているとき、もしくは失敗して悩んでいるときに上司ができること。それは、寄り添うことです。部下の話を聞き、一緒に考えることが部下を勇気づけるのです。

「○○という点は特に頑張っていると思う」

1章でもお伝えしましたが、このような、**部下を承認する言葉**は積極的に伝えてください。結果に対する評価ではなく、努力している点や頑張っていることを認めてもらえると、部下は報われたと感じます。

「マーケティング部の○○さんが、あなたの資料がとてもわかりやすかった！と言っていたよ」

第三者からの部下への称賛の言葉は積極的に伝えたいですね。

上司から直接称賛されるよりも、上司から「○○さんがあなたのことを評価していたよ」と聞くほうが、部下の心に響くこともあります。

また、部下への称賛の言葉を、「あなたの上司の○○さんがこう言っていたよ」という形で、第三者から部下に伝えてもらうというのも効果的です。

POINT

部下のやる気を失わせる言葉には要注意！
部下をやる気にさせる言葉かけを意識する

11

「部下が自ら動くようになる」任せ方

みなさんの中には、

かつての上司：「これやっておいて」

新人のあなた：「はい！」（どうやればいいんだろう？ でも、やるしかないから頑張るか）

と、よくわからないながらも任された仕事に取り組み、試行錯誤することで成長してきたのだという自負がある方が多いと思います。

ところが、自分がかつての上司に言われてきたように「これやっておいて」という任せ方では、いまの部下たちは動きません。

新人社員への意識調査でも、仕事をしていく上で抵抗がある業務の第1位は、「指示が曖昧なまま作業を進めること」（全体の83・7％）でした。

※一般社団法人日本能率協会による「2023年度新人社員意識調査」より

「これやっておいて」と言われた部下は、
・何のためにこの仕事をするの？
・私にとってこの仕事はどんな意味があるんだろう？
・何をすればいいかがわからず不安……。
といった思いを抱え、動き出せなくなってしまうのです。


ではどうすればいいのか。

ここでもやはり、部下に寄り添うことが大切です。部下がやる気になって取り組めるような任せ方をしなければならないということです。

具体的な任せ方を確認していきましょう。

◉仕事の目的と意味を伝える

部下に仕事を任せる場合はまず、

なぜ、この仕事をやるのか？

なぜ、報・連・相（報告・連絡・相談）が必要なのか？

といった「目的」を語らなければなりません。

そして、
その仕事をやった結果どうなるのか？
どんなスキルが身につくのか？
部下がどんなふうに成長できるのか？
という「意味」についても伝えましょう。

少し説明をつけ加えますね。

例えば、あなたがパソコンを購入するとします。量販店でパソコンを選ぶシーンを想像してみてください。

そこで店員さんに、「容量は5テラバイトです」と特徴だけを言われても、いまいちピンときませんよね？

では、「5テラバイトくらいの容量があれば、4K動画の編集もサクサクできますよ」というふうに説明されるとどうでしょうか。

特徴とその特徴がもたらす意味を説明されると、納得して自分の目的に沿うものを選ぶことができますよね。

同じように、部下も、仕事の目的と意味を把握したいと考えているのです。

仕事の目的と意味を理解すれば、部下は動きます。納得してから動くので、その分精度が高く、やらされているという感情を抱くこともありません。

また、「目の前の仕事をやることがあなたの成長につながる」ことを伝えるためには、部下がどうなりたいと思っているのか？　を知っておく必要があります。

上司は、部下の「なりたい自分」を聞いておきましょう。

なかには、自分のやりたいことや、なりたい自分が明確ではない部下もいると思います。そのような場合は、1章の「03『やりたいことがない』という部下へのアプローチ方法」を参考にしてください。

◉仕事の習熟度によって異なる指示の出し方

もうひとつ、部下に仕事を任せる際に必要なことがあります。

1on1で、5W1Hの視点から「何を・いつまでに・どうやってやるのか」を明確に伝えることです。

部下はそれぞれ、仕事の習熟度合いが異なるので、一人ひとりに対して説明しなければなりません。

特に新人に対しては、やり方だけではなく、途中経過の報告の有無や、わからなかったときはどうするのか、といったことまで丁寧に伝えます。

例えば、プレゼンの資料作成を任せる場合には、なぜ資料の作成を任せるのか・何をすればいいのか（資料のつくり方を伝える）・いつまでにやるのか・どのようにして進めるのか（困ったらどうすればいいのか、誰に聞けばいいのか、途中経過の報告は必要か）といった具体的な進め方を伝えましょう。

中堅レベルの部下であれば、プレゼンのつくり方など、仕事のやり方はある程度身につけているので、「どうすれば目標に近づけるのか工夫してみてほしい」と伝え、目標達成への道のりを自分で考えさせることも必要です。

◉指示が伝わったかどうかを確認する方法

自分は丁寧に指示を出したつもりでも、思うように部下には伝わっていない、ということは往々にしてあります。

部下への指示がきちんと伝わったのかどうかを確認するよい方法は、「じゃあまず

何からする？」と、最初の行動を問うことです。

もし部下が答えられなかったら、きちんと伝わっていなかったということですから、「もう一度確認しよう」と伝え直せばいいのです。

間違っても、「なんでわからないの？」などと言ってはいけません。そのような言葉は部下のやる気を一瞬で奪ってしまいます。

伝わっていないということは、こちらの伝え方が悪かったのだという態度で接するようにしましょう。

◉指示後のフォローは対面で

指示を出した後は、仕事の進捗の確認や困っていることはないか等、1on1で部下と会話をしてください。

その際には、フェイスtoフェイスではなく、体を相手に向けて、ハートtoハートで話を聞くようにしましょう。

仕事の進捗を確認するだけでも、部下は、「上司は自分の状態をわかってくれている」と安心します。

できれば、1週間に1回はそのようなフォローの時間を設けられるといいと思います。

私がかつて在籍していたキーエンスでは、顧客のところに営業に行く前と行った後には必ず、上司とのミーティングがありました。

営業先に行く前は、何をどのように伝えるべきかといった確認をしてくれ、営業先から戻ると、結果を聞かれて、よかった点や改善点についてアドバイスをしてくれました。

このようなきめ細やかな上司のフォローが、日本一営業力のある企業だと言われるキーエンスの強さの一つなのでしょう。

いまの上司は、プレイヤーを兼ねている人が多く忙しいとは思いますが、部下に仕事を任せっきりにせず、きちんとフォローをして寄り添ってあげましょう。

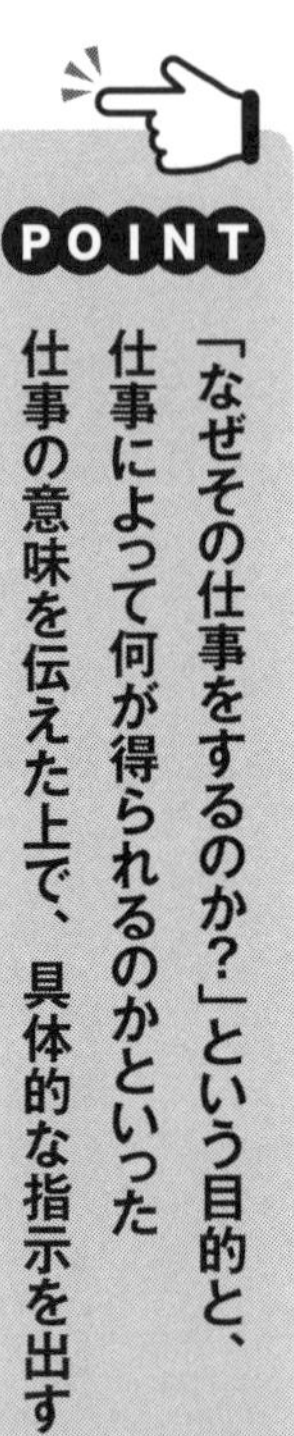

POINT

「なぜその仕事をするのか?」という目的と、仕事によって何が得られるのかといった仕事の意味を伝えた上で、具体的な指示を出す

12

「褒める」よりも「一緒に喜ぶ」で、部下はさらにやる気を出す

人材育成に関する本では、「部下は褒めて育てよう」という言葉をよく目にします。

しかし実際には、

「よくやった」

「いつも頑張っているね」

などと、積極的に褒めるようにしているのに、部下の反応はいまいち……。と感じている上司の方もいるようです。

どうして部下の反応は鈍いのでしょうか。

いまの若い世代は、幼少期から人の目を気にして生きてきた世代ですから、上司であるあなたが自分をどのように見ているのか、その言葉や行動に非常に敏感に反応し、

本心を見極めようとします。

あなたが本当に心から「すごいな」「頑張っているな」と感じていれば、その思いは部下の心に響くはずですが、「部下を褒めようとして褒めている」「とりあえず褒めておこう」といった態度だとしたら、部下の心には響かないということなのだと思います。

むしろ、「この人、また褒めようとしている」と思われている可能性もあります。

部下を褒めなければと意識するのではなく、部下に対して称賛の気持ちが芽生えたときに、その気持ちを素直に伝えればいいのです。

◉「嬉しい」という私の喜びを伝える

私が、部長・課長クラスの方々への研修でおすすめしているのは、褒めることよりも、「喜ぶ」ことです。

「褒める」というのは、結果に対する評価ですが、「喜ぶ」というのは、相手への感情です。

「〇〇さんが今期の目標を達成することができて、私は本当に嬉しい」

というふうに、上司であるあなた自身の喜びを、「私は」という一人称で伝えてください。

また、「新規のお客様から契約をもらえました！」などという報告を受けた際には、「よっしゃー！」や「やったあ！」と、あなた自身の喜びの感情をダイレクトに表現してもいいでしょう。

仕事の結果だけではなく、「○○さんがいてくれることで、私はこんなに助けられている」という、部下の存在自体に喜びを感じている、という気持ちを伝えることも大切です。

上司から喜びを伝えられた部下は、「自分がしたことで（自分がいることで）、こんなに喜んでくれるんだ」と嬉しくなり、「もっと頑張ろう」という思いを抱くようになります。

ここまでは、部下と1対1で「喜ぶ」方法です。
もうひとつおすすめしたいのは、みんなで一緒に喜ぶことです。

◉みんなで一緒に喜べば部下の喜びも倍増する

部下が目標を達成したり、いい仕事をしたりしたら、朝礼や会議などで、みんなで一緒に喜びましょう。

私のクライアントである飲食業界の企業では、みんなで一緒に喜ぶ施策を取り入れたことで、社員のやる気が高まったと教えてくれました。

その企業では、各店舗の売り上げなどの数字を報告する会議があり、以前は淡々と報告するだけだったそうです。それを、目標を達成した店舗の報告には、みんなで拍手をして喜ぶというルールにしたところ、会議の雰囲気や社員の態度が変わったそうです。

拍手をするというのは、喜びを共有する手段であると同時に、相手に称賛を送る行為でもあります。

また、みんなで喜ぶ際には、なぜ目標が達成できたのか、いい仕事ができたのかを部下に発表させる時間を設けてみてください。

主役となった部下は、「こんなに自分の成功を喜んでくれる人がいる」「自分の話を喜んでくれる人がいる」ことを実感し、より一層頑張りたいという気持ちになるのです。

POINT

「褒めようとして褒める」では部下の心には響かない。「あなたが頑張っていて私は嬉しい」という感情を伝える

13

部下を責めない、未来につながる叱り方

部下の成長のためには、ときには叱り、ときには厳しく注意をすることが必要だと思っていても、

「あまり厳しい態度で接してしまうと辞められかねない」

「パワハラだと思われたら……」

と、その難しさを感じている人が多いのが現状です。

なかには、叱るべきときに叱ることができず、注意を促すこともできずに、腫れものに触るようにして部下に気を使ってしまう上司の方もいるかもしれません。

しかしそれは、部下を指導することから逃げていることに他なりません。

とはいえ、部下に改善してほしい点を、「○○するのはよくない」と悪い点をそのまま伝えても、相手の心には響きません。

頭ごなしに「何をしているんだ」とか「こんなことをしていたらダメだ」というお説教もＮＧです。

これらの言葉はむしろ、上司への恐怖心や反発心を抱かせてしまう可能性がありま す。部下の心も固く閉じてしまうでしょう。

そこで、次のように考えてみてください。

「叱らなければ」「厳しく注意しなければ」と考えるのではなく、「あなたによくなってほしい」という思いを伝える、というふうにアプローチを変えてみてほしいのです。

では、２つのアプローチ方法を紹介していきましょう。

◉もったいないトーク

１つ目は、「もったいないトーク」というアプローチ方法です。

「もったいないトーク」とは、

「○○さんは、これとこれができていて素晴らしいのに、これをやらないのはもった

いないよ」と伝えるものです。

まず、部下の優れているところやできている点を伝えたうえで、悪い点を「いまはまだできていない、成長を期待する点」として言葉にするのです。

具体例を挙げましょう。

コミュニケーションが上手で、売り上げも上げているけれども、経費の精算などの事務仕事がずさんで、いつも提出物が遅れてしまう部下がいるとします。そのままほうっておくことはできませんよね。

そこで、

「○○さんは、売り上げも上げているし、メンバーともお客様ともコミュニケーションがしっかりとれているのに、決められた期日までに事務処理ができていないのはもったいないよ。経理部門のメンバーに、仕事ができない人だと思われてしまうのは本当にもったいないと思う」。

というふうに伝えるのです。

言われた部下は、「叱られた」「注意された」と受け止めるのではなく、「期待されている」「励まされている」と受け止めます。そうすると、落ち込むことなく、素直に改善点を見つめようと動くことができるのです。

◉過去を責めずに未来について一緒に考える

2つ目のアプローチ方法は、「未来について一緒に考える」ということ。

例えば、遅刻が多い部下がいるとしたら、あなたはどのように注意しますか？

「なんで遅刻ばっかりするんだ！」「いい加減遅刻グセを直せ」等々、言いたくなる気持ちはわかります。

しかし、このような注意の仕方では、部下の遅刻グセは直らないでしょう。

ではどうすればいいのか。

「これから遅刻をしないようにするにはどうすればいいのか？」
「明日からどうすれば始業時間に間に合うように来られるか？」
と、未来に視点を飛ばすのです。

過去を責めるのではなく、これから先のことについて考えるよう促し、上司であるあなたも一緒になって考えてください。

一緒に考えることで、「あなたによくなってほしい」という上司の思いも伝わり、部下の姿勢も変わります。

POINT

部下の悪い点を「いまはまだできていない、成長を期待する点」として伝え、これから先のことについて一緒に考える

14

部下がミスをしたときにこそ失敗談を語ろう

「昔はこんなに大変だった」

「俺の若い頃は」

ついつい口にしてしまいそうなワードですが、部下たちは、こういう前振りを聞くとげんなりしてしまい、心を閉ざしてしまいます。


部下が聞きたいのは、あなたの苦労話でも成功談でもない。

「共感できる」失敗談です。

部下が失敗やミスをしたときにこそ、上司の失敗談が求められているのです。

◉上司の失敗談は部下に安心感を与え、やる気を引き出す

「実は私も営業3年目のときに、○○さんと同じようなことで、お客様に叱られたことがあるんだよね」と、あくまで部下の失敗に寄り添うようにして、自分の失敗談を

話します。

そのようにして失敗談を語ることで、部下は、「この上司なら失敗しても許してもらえそうだ」と安心し、失敗を過度に恐れなくなります。

また、**「恥ずかしい失敗を話してくれる上司であれば、等身大の自分を見せても大丈夫」だと感じて、部下は心を開くようになります。**

「上司も失敗を糧に頑張ったからいまがあるのか。じゃあ自分も頑張ってみよう」と部下のやる気を引き出す効果もあります。

◉失敗談はストーリー仕立てで語る

失敗談を語るときには、「こんなことがあって、自分はこんな気持ちになり、そこから何をどのようにして立ち直ったのか」とストーリー仕立てにして伝えると、より共感が得られます。

また、

・その失敗からどんな気づきを得たのか
・誰が何をしてくれたのか
・誰がどんなことを言ってくれたのか

を伝えることができれば、部下自身が失敗から立ち直るための気づきを与えることができます。

かくいう私も数々の失敗を重ねてきたので、例として、私の失敗談をストーリー仕立てにしてみましょう。

キーエンスで営業職として働いていたときに、初めて担当させてもらったお客様に、ものすごく叱られたことがありました。

私としては、電話口の会話が盛り上がって、お客様と仲よくなれた気でいたので、

「○○さん、買ってくださいよ〜」「いいじゃないですか〜」という感じで、軽々しく言ってしまったんです。

そのお客様は大激怒。そりゃあそうですよね、お客様からすれば、単に社交辞令として会話に付き合ってあげていただけなのに、失礼な物言いでいきなり営業されたわけですから。お客様に叱られた後に、もちろん上司にも叱られました。

そのときの上司は、「今回やってしまったことは次の営業につなげよう。そうすれば失敗は失敗じゃなくなる」と言ってくれました。このときからですね、お客様に「この人の話を聞いてみたい」と思われる人間になろう、お客様に心を開いてもらうためには何が必要なのかということを追究しはじめたのは。

このような失敗の延長線上にいまの自分があるのです。

と、このように話します。ストーリーとして伝えられることで、相手はそのシーンを想像しやすくなります。

上司は、ときには「弱み」を見せることも大切です。
失敗談という「弱み」を見せるにあたっては、タイミングと語り方に注意しましょう。

POINT

「部下が共感できる失敗談」を語ることで、部下は等身大の自分を出せるようになる

15

部下が話を聞きたくなる！ 上司の話し方

顧客と交渉をする営業職は、こちらの言いたいことをいかに相手に伝えるかが勝負。伝わる話し方には、早口にならない、緩急をつけながら話す、要点は短くといったコツがありますが、これらは、部下とのコミュニケーションにおいても効果を発揮します。

部下が、前のめりであなたの話を聞きたい！ となるような、上司としての話し方のコツをお伝えします。

◉ワクワクしながら話す

どんな場面においても、うつむいて小さな声でボソボソと言っていては、相手に話を聞いてもらうのは難しいですよね。

基本は、相手の目を見て大きな声ではっきりと。話している人自身がワクワクしていることもポイントです。

ワクワクしながら楽しそうにしている人の話を聞いていると、その雰囲気に引き込まれて、いつの間にか聞いている側も楽しくなってくる。これは、上手なプレゼンテーションにおいても言えることです。

部下に仕事の説明をするとき、あなたはどのように伝えていますか？

あなた自身がその仕事にワクワクしている様子で話すのと、面倒だけれどやらなきゃならないという様子で話すのとでは、部下の受け止め方は180度異なります。部下は、あなたの感情を読み取ろうとしていると思ってください。

部下に仕事を楽しんでほしい、楽しめと言ったところで、それは下手をするとエンジョイハラスメントになりかねない。

そうではなく、1章でもお伝えしたように、上司自身が仕事を楽しんでいる姿を見せること。そして、**上司がワクワクしながら話すことから、仕事を楽しむ環境が形成され、部下も仕事を楽しめるようになっていくのです。**

◉〝クリフハンガー〟で相手の興味を惹く

〝クリフハンガー〟という言葉を聞いたことがありますか?

クリフは崖、ハンガーは吊られている、というのが本来の意味ですが、〝クリフハンガー〟は、「話の続きが気になる状態で物語を中断すること」といった意味合いで使われる言葉です。つまり、宙ぶらりんで話を終わらせること。

部下の興味を惹きたいときは、この〝クリフハンガー〟を使ってみてください。

話を宙ぶらりんで終わらせることで、「それってどういうこと?」と相手がより前のめりになって話を聞いてくれるようになります。映画やドラマの予告などをはじめ、営業のテクニックとしてもよく使われる手です。

例えば、「ポイントは3つある。1つ目はこれ、2つ目はこれ」で話をいったん切ると、相手は「えっ、3つ目って何なの?」と、気になるというわけです。

ほかにも、

「新しいプロジェクトには、今までのどのプロジェクトよりも多くの成長の機会があります。詳細を聞いたら、絶対に驚くと思いますよ」。

というふうに、何かを説明する前にこちらに関心を向けさせるために使ってもいいですね。

面談への意欲を上げさせるために、面談前に予告のような形で次のように伝えてもいいかもしれません。

「○○さんが次のレベルに進むためには、知っておくべき非常に重要なスキルがあります。それを学ぶ方法、興味ありますか?」

あえてそのときには全部話さない、もしくは、あえて全部は見せないというのは、企業が戦略的にとっている手法でもあります。

例えば、東京ディズニーリゾートのリピート率が95%超の理由は、一回ではすべてを回れないからだと言われています。一度の来園ではすべてのアトラクションを楽しめないから、次はあれに乗ろう、今度はパレードが見たい、となる。常にどこかが工事中なのは、あえてそうしているのだとも言われています。

◉間を使う

「いまから話すことは重要なので、ひとつだけ聞いてもらっていいですか」と言うと、部下は話の続きに注目します。

あなたの目線はしっかりと部下の目を捉えていなければいけません。

そして2、3秒経ってから、ゆっくりと話を続けます。

これが間を使う、ということです。

対して、このときに、相手の目線を捉えられなかったら間が空いてしまう。部下もなんだか気まずいなと思い、話に集中できなくなってしまいます。

ちなみに、この大事な「間」が抜けてしまうことから転じて、考えや行動に抜かりがあること、またはそのような人を「まぬけ」と表すようになりました。

これは私の知人から聞いた話ですが、警察官が被疑者の取り調べをする上でも、間が重要だそうです。間の使い方次第で、被疑者の自供を引き出せるか否かが変わるのです。

◉話はなるべく手短に！　ＰＲＥＰ法を意識しよう

部下に仕事内容の説明をするときや、情報を共有する際には、簡潔に要点を伝えたいところです。

しかし、大事なことだからと何度も同じことを言ってしまったり、つい感情的になってしまったりして、なかなか簡潔に伝えられない……と感じている人もいると思います。

そのような場合は、ＰＲＥＰ法を意識してみましょう。

ＰＲＥＰ法とは、結論・理由・具体例・結論の順番で情報を伝える方法で、文章においても口頭で伝える場合においても活用できます。

PREP法

Point：結 論

Reason：理 由

Example：具体例

Point：結 論

PREP法は、最初に結論を伝えた後に理由や具体例を説明するため、聞き手は、結論に至るまでの流れや根拠を理解しやすく、内容に説得力が生まれます。その上で、再度結論を伝える構成なので、伝えたいことをより明確に印象づけることもできるのです。

自分の頭の中で情報を整理する際にも使える方法でもあるので、ぜひ意識してみてください。

POINT

話し方のコツをおさえて、部下と積極的に話してみよう

3章

部下が失敗を恐れず挑戦し、自信がもてるようになる導き方

16

部下の自己効力感を高める4つのポイント

1章では、「行動力がない・自信がない・自分で考えられない」という部下の3つの特徴と、その背景について解説しました。

そして、自信がないから動けない、動かないから考えられないという負のループを断ち切り、「大丈夫！ やってみよう」と一歩を踏み出すきっかけをつくるのも上司の役目だということもお伝えしました。

では実際に上司は、部下が「やってみよう」と一歩踏み出すきっかけをどのようにつくればいいのでしょうか？

まずは考え方から解説していきたいと思います。

●部下の自己効力感を意識する

みなさんは、自己効力感という言葉を聞いたことがあるでしょうか。

自己効力感とは、目標達成のための能力を自分はもっていると認識すること。すなわち、「自分にはできる」という感覚をもつことで、20世紀を代表する心理学者・アルバート・バンデューラ博士が提唱した概念「セルフ・エフィカシー（self-efficacy）」を訳した言葉です。

この感覚こそが自信につながり、一歩を踏み出すきっかけになります。

バンデューラ博士は、自己効力感に影響を与える要素を4つ挙げています。

①直接的達成経験

過去に達成、もしくは成功できた経験のこと。成功体験が積み重なれば、たまに失敗をしても、否定的な影響を受けなくなる。

②言語的説得

自分には能力があることを、第三者によって言葉で説明されること。

③代理的経験

他者の行動を見て、自分にもできそうだと思える経験。他者が成功する過程を観察して、自分に置き換え、疑似体験をしたり想像したりすること。「モデリング」とも呼ばれる。

④生理的・情動的喚起

心身の状態が良好であることや、ドキドキやワクワクといった高揚感。

※参考文献『社会的学習理論の新展開』(金子書房)

右の4つは、部下の自己効力感を高め、自信をもたせるためにおさえておきたい要素だと言えます。

①から④をベースにした、上司の方々にやってもらいたいことを次にまとめたので、順番に見ていきましょう。

◉小さな成功を体験させる

①直接的達成経験にあるように、自分自身が何事かを達成した体験を積み重ねるこ

とは、揺るぎない自信へとつながります。
反対に、失敗ばかりを繰り返してしまうと自信をもつことは難しい。最初につまずけば、次の一歩もなかなか出にくくなってしまいます。
部下に成功体験を積ませるためには、比較的低い壁を用意することからはじめましょう。

例えば、
・会議で意見を一回言う
・朝礼の司会をする
・メールではなく電話で顧客に報告する

といったことで構いません。

最初は小さな成功体験でよいのです。大切なのは、部下が自分の力で実行し、目標

を達成した経験を積むことです。

◉充実体験を聞く

充実した体験には、「目標に向かって困難を乗り越えた」という経験が含まれており、①直接的達成経験でもあると言えます。

部活や趣味、アルバイトや勉強、仕事などの過去の経験の中で、大変だったけれど楽しかったこと、ワクワクしたことなどを部下に聞いてください。充実体験と充実体験の聞き方については、38ページで詳しく解説しています。

上司が部下の充実体験を聞くことで、部下は、困難を乗り越えた経験を思い出し、「**あのときできたのだから大丈夫、私はできる」と前向きな気持ちになれます。**

また、充実体験や過去に達成、成功できた経験を人に言うこと自体も、自己効力感を高めることにつながると私は考えています。

「自信」という言葉は、「自ら人に言う」と書きます。自らの体験や経験を人に言うことも大切です。

次からは、②言語的説得を踏まえた、上司の方々にやってもらいたいことを解説していきましょう。

◉「あなたには魅力や能力がある」ということを伝える

部長・課長クラスの方々を対象にした企業研修を行う際に、私はよく冒頭で、ドイツの哲学者であるエーリッヒ・フロム氏の考え方についてお話しします。

上司という立場の人にとって大切な考え方であるとともに、私自身が、かつてこの考え方に救われた経験があるからです。

エーリッヒ・フロム氏は、人間には「to have」という「もつ」ことに価値を見出してそれに専心する生き方と、「to be」という「ある」ことに気づき自分自身が変化していく生き方という、2つの生き方があると語っています。

私は、上司が部下に接するときには、後者の「to be」の発想を大切にしてほしいと伝えています。

「to be」とはつまり、「あなたにはそもそも魅力や能力がある」ということ。部下の可能性を信じ、「あなたにはそもそも魅力や能力がある」ということを部下に伝えてあげてください。

それが、部下が次の一歩を踏み出すための勇気となるのです。

このような確信を得られるようになったのは、私自身の経験も影響しています。ここで少し、私の話をさせてください。

かつての私は、「to have」の生き方をしていたように思います。自分がもっていないものを数えては落ち込み、最終的には実家に引きこもって外に出られなくなってしまいました。いわゆる「ひきこもり」だった時期があるのです。

「はじめに」でもお伝えしたとおり、外に出られるきっかけを与えてくれたのは、おかんの一言でした。

おかんは私に、

「あんたは、幸せを手に入れるものだと勘違いしていないか? あんたには仲間がいる。亡くなったお父さんがいる。そして、何より私がそばにいる」と言いました。

「幸せは手に入れるものではなく、手の中にあるものに気づくこと」だと。

私はこの一言に救われて、いまがある。この言葉はまさに「to be」の発想です。

②言語的説得は、自分には能力があることを、第三者によって言葉で説明されることですが、私は、能力だけではなく、魅力を伝えることも重要だと考えています。

部下は、上司の口から自分の魅力を聞くことで、職場において自分の存在が承認されたと感じると同時に、「この人は私のことをわかってくれている」と安心する。このこともまた、部下の自己効力感を高めることにつながるのです。

③代理的経験は、実は普段からやっていることでもあります。

どのような職種であっても、新人には、先輩の仕事を見て学ぶ機会があると思います。

例えば営業職の場合は、先輩の営業に同行し、顧客とのトークや振る舞いを見ながら学んでいきます。そのなかで新人は、「こうすれば自分にもできそうだ」という感覚を掴んでいくのです。

◉成功体験を共有する

もうひとつ、③代理的経験の実践方法としてオススメなのは、成功体験を共有することです。

朝礼などで、顧客に喜ばれた事例や成約できた事例、いい仕事の事例などを組織内で共有しましょう。

その**成功例の何がいい点なのか、どのようなプロセスがあったのかといった点を共有することで、それを聞いた部下のなかで成功のイメージがわきやすくなり、再現性も高くなります。**

最後の④生理的・情動的喚起については、私は、前向きなエネルギーがわく状態だと捉えています。

前提として、上司であるあなた自身が前向きに仕事に取り組んでいること。そして、1章でもお伝えした通り、部下とともにワクワクし、楽しむことを心がけてほしいと思います。

実は次項以降で解説する、部下のピンチをチャンスにする方法やチャンス会議は、部下をワクワクさせることに他なりません。

私がこの本で最も伝えたいことのひとつでもあるので、ぜひ、ワクワクしながら読み進めてほしいと思います。

POINT

自己効力感を理解し、部下の自己効力感を高められるように意識する

17 部下のピンチをチャンスにする方法とは

部下に自信をもたせるためにぜひやってほしいのは、部下のピンチをチャンスにすることです。

部下のピンチをチャンスにすることで、「どんなピンチもチャンスにできる」のだと部下に気づかせるのです。

1章の「08『ピンチをチャンスにする』を徹底しよう」では、上司であるあなた自身が、ピンチをチャンスにする重要性をお伝えしました。

あなたが自らのピンチをチャンスにすることができていれば、部下のピンチもチャンスにすることができるのです。

部下にとっては、「失敗が失敗ではなくなり、チャンスに変わった」という経験は、間違いなく自信につながります。

では早速、部下のピンチをチャンスにする具体的な方法をチェックしてください！

◉「自立型問題解決シート」でピンチをチャンスにする練習を

部下のピンチをチャンスにするためには、部下とともに、ピンチをプラスに捉えるプロセスが不可欠です。

言語化すると部下の理解も深くなるため、「自立型問題解決シート」というシートに記入する方法をおすすめします。

自立型問題解決シート

【問題】

↓

【プラス受信】

↓

【自己責任】

↓

【手段の選択】

【自立型問題解決シートの記入方法】

①【問題】に、部下が抱えているピンチ（抱えている問題など）を記入する。

記入者：部下

②【プラス受信】に、①で記入したピンチをプラスに捉えてチャンスに変えた内容を3つ以上列記する。

記入者：上司もしくは部下。一緒に考えて部下が記入する、でもよい。

③【自己責任】に、「自分の何がいけなかったのか？」「自分はどうすればよかったのか？」と振り返った内容を記入する。

記入者：部下

④【手段の選択】に、問題への対策として、「これからやること」を列記する。

記入者：部下。部下が書き進められないときは上司が一緒に考える、でもよい

部下が抱える問題を聞いたり、部下が失敗したりしたときに、あなたはどのような対応をとってきましたか？

いきなり、「自分の何がいけなかったのか？」「自分はどうすればよかったのか？」という振り返りをさせていませんか？

シートで言えば、②の工程がすっぽりと抜けている状態ではないでしょうか。

確かに、現在課長や部長といった立場にいる方々は、そのようにして自らを成長させてきた人が多いのでしょう。

しかし、同じことを部下にしてしまうと、彼らは自分で自分を責めて、落ち込んでしまうだけです。ピンチをピンチのままにして自己責任に移行すると、部下たちのメンタルはやられてしまいます。

自己責任の前に、問題をプラスに捉えチャンスにする必要があるのです。

「自立型問題解決シート」では、自己責任という振り返りは、ピンチをプラスに捉えチャンスに変えた後に考えます。

具体例を挙げながら、より詳しい書き方を見ていきましょう。
左のシートをご覧ください。

自立型問題解決シート

【問題】
会議ばかりで仕事が進まない

【プラス受信】
・仕事をこなす能力アップのチャンス
・業務知識を得るチャンス
・仕事のやり方を見直すチャンス
・会議のスムーズな進行の仕方を学ぶチャンス
・関係者との信頼関係を築くチャンス

【自己責任】
・議題を十分に認識していなかった
・頭の中が整理できていなかった
・関係者との連携、連絡が不足していた
・会議の準備が不足していた
・前回の議事録の内容を忘れていた
・だらだら会議でも仕方ないと思っていた

【手段の選択】
・まず頭の中を整理する、デスク周りも整理しよう
・仕事の優先順位を見直そう
・上司、同僚、部下とコミュニケーションをとるようにしよう
・情報発信、情報共有の時間をもとう

部下の抱える問題は、会議ばかりで仕事が進まないこと。

その問題をプラスに捉えチャンスにしましょう。

ここでは、仕事をこなす能力アップのチャンス、業務知識を得るチャンス……と、チャンスを5つ挙げていますが、多ければ多いほどいいです。


最初は、部下と一緒に【プラス受信】を埋めてみてください。

部下からなかなかチャンスの言葉が出てこない場合は、上司であるあなたが率先して「どんなチャンスにできるか?」を考えてください。ワクワクしながら、「この問題はあなたのチャンスにしかならない!」というところまでもっていく。

部下がピンチをプラスに捉えチャンスに変えられるようになってから、【自己責任】部分を部下に書いてもらいましょう。

一番下の【手段の選択】に関しては、部下があまり書き進められないようであれば、一緒に考えてもいいでしょう。

「自立型問題解決シート」は、どのような職種においても活用できます。
ここでは、職種別の具体例を3つ挙げておきます。
左は営業職のシート例です。

自立型問題解決シート：営業職

【問題】
何度伝えても、こちらの言っていることを
聞いてくれないお客様がいて困っている

【プラス受信】
・お客様との接し方を見直すチャンス
・自分の言動、伝え方を見直すチャンス
・足りない情報を見つけるチャンス
・お客様との関係性を見直すチャンス
・お客様に悩みがあれば解決するチャンス
・お客様の希望を共有するチャンス
・お客様は理解していないふりをすることで、
自分に何かを教えてくださろうとしているかもしれない。
自分が成長する姿をお客様に見せるチャンス

【自己責任】
・これまでのお客様との接し方に問題があった
・自分の発言と行動に矛盾があった
・お客様に信頼されていなかった
・お客様の悩みに気がついていなかった
・自分の伝え方に問題があった
・内容の重要性を伝えていなかった

【手段の選択】
・自分がお客様の言葉を理解してこなかったことを反省し、お客様の言うことに真剣に耳を傾け、理解するように努める
・他人から言われたことを真剣に聞き、わからないことはわかるまで聞く
・自分の言行を一致させる

営業職であれば、営業先で顧客とうまく話せない、発注ミスをしてしまう、といった部下が日々抱える問題に対して「自立型問題解決法シート」を活用してください。

次は接客業です。

自立型問題解決シート：接客業

【問題】
お客様からクレームをもらった

【プラス受信】
・クレームを言ってくれたお客様と仲よくなれるチャンス
・メンタルを強くするチャンス
・お客様の情報を知るチャンス
・クレームを言ってくれるぐらい関係性があると気づくチャンス
・成長するチャンス

【自己責任】
・事前準備ができていない
・お客様の気分を害してしまった
・お客様の立場に立てていない
・お客様の要望に応えられていない

【手段の選択】
・事前準備をしっかり行う
・お客様の要望をあらかじめ予想して対応する
・クレームを無駄にせず、誰もクレームを受けない新しい仕組みを生み出す
・何を言われても動じないように事前に心を整えておく

接客業であれば、お客様をイライラさせてしまった、お客様に話しかけることができなかったといった業務内容を振り返る際にシートを活用するといいと思います。

事務職の例も載せておきます。

自立型問題解決シート：事務職

【問題】
資料作成の締切期日が突然早まった

【プラス受信】
・周りに頼る事で、仲よくなるチャンス
・仕事の効率を上げるチャンス
・締切期日が早くても対応できると期待されていると気づくチャンス
・終わった後の達成感が絶対に気持ちいいとワクワクするチャンス

【自己責任】
・効率を意識して仕事をしていなかった
・事前準備不足
・フレキシブルに対応できない
・あらかじめ確認していなかった
・チーム全体の動きを把握していなかった

【手段の選択】
・常に締切期日より１日早く仕事を終わらせる
・常に仕組み化していき、効率を高めていく
・自分の仕事以外でもチームの締切を意識する
・不測の事態にも対応できる徹底した準備をしておく
・チームのために率先して貢献できることをリスト化しておく

3回、4回とシートを記入するうちに、部下は、「どんなピンチでもチャンスに変えられる」のだと気づくはずです。

一人でシートにたくさん書き込めるようになるころには、部下自身がピンチをチャンスにできるようになっているのです。

POINT

問題は必ずプラスに捉え、部下がピンチをチャンスに変えられるようになってから、自己責任、手段の選択という解決プロセスを踏ませる

18 業績が上がる！ チャンス会議【成果&効用編】

部下がやる気を出し、失敗を恐れずに挑戦し、自信がもてるようになれば、成果はおのずとついてくるものです。

私が行う企業研修も、受けてくださった方一人ひとりの成果につながるようにと、内容を工夫してきました。なかでも、私の研修で「チャンス会議」を体験した方々の成果は突出しています。

チャンス会議とは、部下のピンチをチャンスにする会議のことで、一つ前の項目で紹介した「自立型問題解決シート」にゲーム感覚をプラスしたワークです。

このワークのポイントは、組織やチームのメンバーみんなで楽しみながらできること。ワイワイと楽しみながら、部下のピンチをみんなでチャンスにするのです。

部下自身が、「ピンチはチャンスに変えられる」と気づくことで、失敗を恐れずに

行動するようになるのです。

もちろん彼らは失敗します。でもそのたびに仕事の質が上がり、ひいては組織の業績も上がります。

と、ここまで言うと、本当？という声が聞こえてきそうですね。

では、具体的にどんな成果が出るのか、実際にチャンス会議を経験したクライアントからの報告を、一部ではありますが紹介したいと思います。

◉昇級や好成績の実例

宮本誠也さん【IT系企業・営業職】

IT系企業に入社して8カ月。失注が続いたり、やっとの思いで受注した案件がキャンセルになったりして心が折れ、悩み落ち込む日々が続いていたという宮本さん。そのような状況下で、チャンス会議を経験されました。

〈宮本さんのコメント〉

「チャンス会議を通して、先輩たちが家族のように応援してくれていることに気づきました。また、ぶつかっている壁は、先輩方が乗り越えてきた壁であり、それを乗り越えることができるか試されていることにも気づかされ、一人で頭を抱え悩んでいたことをすべてチャンスに変えることができました。それを機に、**苦しいときこそチャンスと捉えて現状を楽しめるようになりました**」。

宮本さんは、「ピンチはチャンス」と気づけたことで、目標だった主任へと昇給することができたと私に話してくれました。

島田知希さん【大手メガバンク・営業職】

入社当初、同期が新規顧客の担当を任されるなか、島田さんはなかなかその機会をもらえず、先輩がアプローチをして断られた顧客リストを渡されました。同期が続々と契約を獲得するなか、実績を上げられず悶々とした日々を過ごしていたそうです。

〈島田さんのコメント〉
「そんなときにチャンス会議に参加し、当時の状況を『営業スキルを伸ばすチャンス』だと捉えることができました。腐らずにさまざまな工夫を凝らして営業活動を続けた結果、同期のなかで一番に、最優秀賞を受賞することができました」。

◉業績が向上した実例

【楓工務店(現アイニコグループ株式会社)】

〈専務取締役 田尻尚路さんのコメント〉
「『ピンチはチャンス』が浸透したことで社内がさらに明るくなり、営業のやりがいを感じる人が増えた、成果を出し続ける会社になる礎をつくってくれた」。

アイニコグループは、主に住宅建築を手がける工務店ですが、田尻専務がおっしゃる通り、同社は年を追うごとに業績を伸ばしています。

・売上推移

2021年　2億7千万円
2022年　16億8千万円
2023年　22億3千万円

2023年には、奈良に本社がある工務店で奈良県1位の着工件数となりました。

【美容系企業K社】

K社では、研修後3カ月で受講者の成績がどれくらい上がったのかを分析してくれました。

研修受講者の25％が昇級、55％の人が売上をUPさせたとのことでした。

売上UPの詳細は次のように、なかには300％以上を達成した人もいました。

売上1～100%UP　30%
売上101～200%UP　20%
売上305%　5%

〈管理者である渡邉翠さんのコメント〉
「研修後は、オンラインのZOOMで行う朝礼でチャンス会議を続けています。ものすごく盛り上がって楽しいから続いています。また、メンバーのなかで、『ピンチはチャンス』が習慣になることで、特に新人社員が失敗を恐れずに挑戦できるようになりました」。

このようにチャンス会議は、業績向上という大きな成果をもたらしています。

◉組織風土が変わった実例

チャンス会議は、組織全体の雰囲気や環境を、前向きな方向へと変えるきっかけにもなっています。

【美容系企業K社】

業績が向上しているK社では、次のような変化も現れています。

〈管理者である渡邉翠さんのコメント〉

「言われたことだけをやる、あるいは自分のことしか考えていなかったスタッフが、チャンス会議をきっかけに、『スタッフは助け合う仲間なんだ』ということに気づき、仕事への姿勢が変わりました。以前の彼らは、手が空けば雑談をしていたのですが、仕事の相談をしたり、声をかけ合って助け合うようになったりしています」。

【営業系企業W社】

〈事業部長 徳原盛允さんのコメント〉

「チャンス会議を重ねるごとに社員の姿勢が真剣なものへと変わり、『世の中すべてチャンスだ』と考え方も変わり、日々の仕事に対して希望をもって前向きに取り組むようになりました。物事をプラスに捉える思考が社員に芽生えたことにより、マイナスの思考を止めるような行動・言動が増えてきました。そういった風土・環境が出来上がると、それが自然と広がり組織的なプラス思考へとつながってきています。営業面においても、業績の浮き沈みに影響されることなく前向きに取り組み、結果を出している社員もいます」。

W社では、部下の多くがマイナス思考から抜け出せず、業績が上がらないという悩みを抱えていました。個人の営業力が業績を大きく左右しますから、業績が下がれば、「自分のせいだ」「またうまくいかなかったらどうしよう」とマイナス思考に陥ってしまう部下が多かったそうです。

そこでチャンス会議を実施したところ、右のコメントのように、**マイナス思考を止める言動が増え、組織内にプラス思考が広がった**というのです。

紹介した実例からは、社員の方々のマインドや姿勢が前向きな方向へと大きく変化していることがわかります。これは言い方を変えると、チャンス会議によって心理的安全性が高まり、成果につながったということです。

◉チャンス会議は心理的安全性を高める

実は、**チャンス会議の最大の効用は、心理的安全性を高めることができる**ということです。

心理的安全性は、組織行動学者であるエイミー・C・エドモンドソン博士が提唱した概念で、心理的安全性があるということは、自分の意見や気持ちを安心して表現できる組織の状態を意味します。

Googleが、「チームの生産性を高めるには、心理的安全性を高める必要がある」と発表したことでも注目されました。

チャンス会議で自分のピンチを仲間に言うと、失敗やマイナス面を責められるどころか、仲間がチャンスに変えてくれる。この状態は、まさに心理的安全性の高い環境だと言えます。この環境が出来上がれば、部下のマインドはどんどんプラス思考になっていきます。

◉営業力がアップする

チャンス会議を経験し、「ピンチはチャンス」が身につくと、面白いことに、営業力も上がります。

営業会社での実例を挙げます。

ある顧客が「いまちょっと○○とトラブってて困ってるんだよね」と、Aさんに愚痴をこぼしたそうです。

チャンス会議で「ピンチはチャンス」が身についていたAさんは、その方に「それは○○のチャンスではないでしょうか？」と投げかけたそうです。すると、そのことに顧客が感激して、結果的に受注が決まったとのことでした。

Aさんと同様に、顧客のピンチという問題点をヒアリングすることができたら、それをチャンスに変えて提案する、という施策を打ち出した会社では、値引きをすることなく成約が決まるという例が多数出たそうです。

これはつまり、営業マン自身が顧客にとって付加価値となったということであり、他社との差別化にもなります。

営業力がアップするという意味では、「ピンチはチャンス」が身につくことで、顧客に対してさまざまな側面からアプローチできるようにもなります。

チャンス会議では、メンバーのピンチをどのようにチャンスに変えるか、と多方面から考えます。他のメンバーの考え方から学ぶこともあれば、物事をさまざまな側面から考える訓練にもなるわけです。

営業力だけではなく、どのような仕事においても、物事をさまざまな面から考えられるようになることは、部下の成長につながります。

そろそろみなさん、チャンス会議をやってみたくてウズウズしてきたのではないでしょうか？

早速、次項のチャンス会議【やり方編】をチェックしてみてください。

POINT

心理的安全性を生むチャンス会議で、部下は失敗を恐れずに挑戦できるようになる

19

業績が上がる！　チャンス会議【やり方編】

ここからは、チャンス会議の実施方法をお伝えします。

◉みんなで楽しむ！　チャンス会議のやり方

私が行う研修では、チャンス会議は組織の全メンバーで実施していますが、職場で実施する際には、上司と部下数人という形で、少人数からやってみてください。

次の①から⑥の流れに沿ってやってみましょう。

【チャンス会議の流れ】

① 部下数名とあなたでグループを組む。少人数のほうが当事者意識をもちやすいため、6名以下が目安

② 「ピンチ（うまくいかないこと、失敗や悩み、弱いところなど）がある人いますか？」

と聞く。誰も手が挙がらなければ、「○○さん、どうですか?」と聞いてみてもよい

③部下の一人が自分のピンチを発表する

④周りのメンバーが、③のピンチを「どんなチャンスにできるか」考える

⑤チャンスを思いついた人からどんどん発言していく

⑥⑤の際には、例えば「物事をじっくり考えるチャンス」と誰かが言えば、その後にみんなで「チャンス!」と言いながら、ピンチを発表した部下を指さす。

チャンス会議は、仲間で声を出し合いながら楽しむことが重要なので、上司である

あなたもメンバーとして入り、いちばん楽しんでください。そのうちに、部下も楽しめるようになってきます。

初回は、自分のピンチを積極的に発表する部下は少ないかもしれません。「こんなことを言ってもいいのかな?」「笑われたらどうしよう」といった不安感が先に立ってしまう部下もいるでしょう。

しかし、一度体験すれば、「自分のピンチを仲間がチャンスにしてくれる」ということがわかり、2回目以降は、部下たちは率先してピンチを発表してくれるようになるでしょう。

チャンス会議後には、ピンチを発表した部下と参加したメンバーは次のような実感を得るはずです。

(ピンチを発表した部下)

・ピンチがピンチではなくなる
・自分が問題だと思っていることは、実は自分の強みに変えられると気づく
・ピンチが言える環境であることに気づき安心できる

（参加メンバー）

・どんなピンチもチャンスにできると気づく
・人の役に立てることに喜びを感じる
・ピンチはチャンス！の習慣が身につく
・ピンチが言える環境であることに気づき安心できる

◉自分の組織に合う形で継続する

チャンス会議は、それぞれの組織に合う形、やりやすいタイミングでできるのもいいところです。

私の研修でチャンス会議を体験した企業では、その後、社内の朝礼や終礼などで定

期的に実施している企業が多いようです。

オンライン上でチャンス会議を実施することもできます。

前出の美容系企業K社では、オンラインのZOOMの朝礼でチャンス会議をしています。

店長が「昨日のピンチある人？」と聞くと、画面上でメンバーが手を挙げ、他のメンバーが、そのピンチを競い合うようにしてチャンスに変える。画面上でも十分に盛り上がるそうです。

ほかにも、月に一回チャンス会議を実施している企業や毎日のように実施している企業もあります。

実施規模は、組織全体のところもあれば、グループ単位で行うなど、さまざまな形でやってくれているようです。

チャンス会議の頻度や実施規模は、みなさんの組織に合う形で自由にやっていただきたいのですが、ひとつお願いしたいことがあります。

それは、部下の中で「ピンチはチャンス」が合言葉になるくらいに、ピンチをチャンスにする習慣が身につくまでは、**チャンス会議を継続してほしい**ということです。

そのうちに、**失敗して落ち込む部下に、「それ何のチャンス？」**とあなたが問いかけるだけで、**部下はハッと気づいて、笑顔になり、自分でピンチをチャンスにできるようになります。**

ここまでくれば、部下は自分で考えて動けるようになっている、ということなのです。

POINT
組織に合う形で、
チャンス会議を継続しよう

部下に〝想定外〟の魅力を伝える「ターゲットチャーム」

チャンス会議に加えて、部下に自信を持たせるためにやってみてほしいのが、「ターゲットチャーム」というワークです。

「ターゲットチャーム」は、部下自身は気づいていないであろう魅力、つまり、部下にとって〝想定外〟の魅力を伝えるワークです。

「ターゲットチャーム」を行うためには、部下の魅力に気づけるよう、普段から部下を観察することを心がけておくとよいでしょう。

◉部下の魅力を10個書き出しておく

あなたは部下の魅力をいくつ言えますか？

3個ですか？　いや10個くらい？　はたまた30個でしょうか？

即答できない人は、部下それぞれの魅力を10個ずつ書き出してください。

10個も書けないよ……と言う人は、部下の魅力を探すことからはじめてください。部下の魅力を見つけたら、スマートフォンやメモ帳などにメモをする習慣をつけましょう。

メモをする際には、

「同僚が資料集めに四苦八苦しているのを見て、『手伝うよ』と声をかけていた。周りのことがよく見えているし、誰かのために動けるのはすごい」

というように、

・どんなときに何をしていて、こういう魅力を感じた

と、エピソードとともに魅力を書いてください。

エピソード部分は、なぜそのように感じたのかという根拠になります。

右の例で言えば、「○○さんは、周りがよく見えているね」と伝えるだけでは、部下は「そんなことないですよ」と納得しないかもしれません。

なぜそのように感じたのかという根拠とともに伝えることで、部下は納得すると同時に、「そんなところを見ていてくれたんだ」「そんなことを覚えてくれているんだ」と嬉しくなり、前向きな気持ちになります。

こうしたメモが部下一人に対し10個溜まった頃には、あなたは、部下の魅力にすぐ気づけるようになっているので、「ターゲットチャーム」もスムーズにできるようになっています。

◉〝想定外〟の魅力を伝える「ターゲットチャーム」

では、「ターゲットチャーム」のやり方をお伝えしましょう。

私が企業研修で実施する場合は、組織全体でやってもらうのですが、ここでは、上司と部下の2人1組で行う方法を紹介します。

① 上司と部下で向かい合って座る

②Ａ４用紙一枚をそれぞれに配る
③上司・部下それぞれが、用紙の左側に、自分の魅力を５つ書き出す

自分の魅力 1. 人を笑わせるのがうまい 2. 気が利く 3. 愛社精神が強い 4. 一生懸命に何でもやる 5. 優しい	

④書いた内容が見えないように山折りにして、相手と交換する
⑤上司・部下それぞれが、５分間の間に「いままでいちばん充実した体験」について話す

⑥折った用紙の右側に、⑤を聞いて感じた、「相手が気づいていないであろう魅力」（相手にとって〝想定外〟の魅力）を5個記入する

○○さんの魅力

1. 人のために行動できる
2. 話がわかりやすい
3. すごく優しい
4. 引っ張ってくれる
5. 丁寧に接してくれる

⑦用紙を交換し、相手が気づいていないであろう魅力について、根拠を伝えて納得させる

⑥⑦については、急にやるのは難しいかもしれませんが、あなたはすでに部下の魅力に気づきやすくなっていますし、⑤の話を聞いて、メモしている魅力を改めて感じればそのことを伝えてもいいでしょう。⑦の根拠は、実際に相手の姿を見て、〝私がそう感じた〟と伝えればOKです。

上司であるあなたと部下とで「ターゲットチャーム」を行うほかにも、メンバー同士で「ターゲットチャーム」をやらせてみてもいいでしょう。

研修で「ターゲットチャーム」を行うと、参加した方々は照れながらも、誇らしいような、自信に満ちた表情になっていくのが目に見えてわかります。

「ターゲットチャーム」は、部下に自信をもたせるにはうってつけのワークなのです。

「ターゲットチャーム」のポイントは〝想定外〟の魅力を伝えることにあります。私が〝想定外〟の魅力を強調するのには理由があります。

ひとつには、相手に与えるインパクトが大きいからです。例えば、犬が人を噛んだ、という内容ではニュースになりませんが、人が犬を噛んだらニュースになるはずです。なぜなら想定外でびっくりする出来事だからです。

想定の範囲内のことであればすぐに忘れてしまうかもしれませんが、想定外の出来事や言葉は記憶に残ります。

部下は、上司から自分の魅力を伝えられることで、「この人は私のことをわかってくれている」と安心するということは、この章の最初でもお伝えした通りです。

さらに、自分では気づいていなかった、想定外の魅力に気づかせてくれる上司がいれば、もしくはそういった機会があれば、部下はより一層職場を好きになり、仕事への意欲も一層高まると言えるのです。これが二つ目の理由です。

「ターゲットチャーム」は、部下自身が他人の魅力に気づくきっかけにもなります。

以前に私が研修で行った「ターゲットチャーム」に参加したＩＴ系企業の営業職・宮本誠也さんは、人見知りでコミュニケーションが苦手だったそうですが、「ターゲットチャーム」をきっかけに、相手の内面のよさや魅力に気づけるようになり、コミュニケーションがとりやすくなったと話してくれました。

「営業先でも、顧客の魅力に気づいて伝えられるようになり、信頼されるようになった」と語るその表情は、自信に満ち溢れていました。

◉部下が落ち込んでいるときこそ〝想定外〟の魅力を伝える

「ターゲットチャーム」の実施にはそれなりの時間が必要なので、**もっと手っ取り早く部下に自信をもたせたい！　というときには、部下が落ち込んでいるときに、〝想定外〟の魅力を部下に伝えましょう。**

成績が落ちている部下との面談など、部下と話し合わなければいけないときに、ダメな点について伝えるだけでは、部下をさらに落ち込ませ、自信を失わせてしまいます。

部下が落ち込んでいるときほど、相手が気づいていないであろう魅力を根拠とともに伝えてください。

例えば、

「○○さんの数字はいまは落ちているけれど、会議では意見を出してくれるようになって積極性が出てきているよね。私はすごく嬉しいし刺激を受けているよ。それに、よくメモをとっているでしょう？　いろんなことを吸収しようとするその姿勢があれば絶対に伸びるよ」。

このようにして、あなたが見つけた部下の〝想定外〟の魅力をここぞとばかりに伝えましょう。

そうすることで、落ち込む部下の気持ちを前向きな方向へと動かすことができるのです。

POINT

部下が落ち込んでいるときこそ、〝想定外〟の魅力を伝えて自信をもたせよう

4章

部下を感動させて
やる気のギアを一気に上げさせる

21

これからの時代は「感動」が人を動かす

4章のキーワードは「感動」です。

感動と言われてピンとくる方は、この後の「22　部下を感動させるポイント7【前編】」までページを繰ってもらっても構いません。

なんで感動？　部下をやる気にさせることと感動にどんな関係があるの？　と疑問に思われる方は、どうかこのまま読み進めてください。

これからの時代、大小関係なく企業が生き残るために非常に重要になるのが、感動というキーワードです。そしてそれは、上司が部下をやる気にさせる上でも欠かせない要素なのです。

なぜ感動が重要なのか。

まずは、ビジネスのあり方から説明したいと思います。

◉「顧客満足」ではなく「顧客感動」の時代

「顧客満足」という言葉はみなさんもよくご存じだと思います。

顧客（消費者）は、それぞれに「これくらいの価値なりパフォーマンスが得られるだろう」という期待をもって、商品やサービスに対してお金を支払います。その期待が現実となること、つまり期待通りだったと顧客を満足させることを「顧客満足」と言います。

企業はこれまで、「顧客満足」を追究し、「顧客満足度」の向上に取り組んできました。

この流れにプラスして、「顧客感動」を生むことができるか否かが企業の成長を大きく左右する時代に入りました。

「顧客感動」とは、顧客の期待や予想を超えた商品やサービスで顧客を感動させることを意味します。

例えば、あなたが週末に買い物に行くとして、大手スーパーと小さな商店のどちらに行きますか？　おそらく多くの人は、品揃えが豊富で、安い商品もある大手スーパーを選ぶでしょう。

ところが小さな商店で、

・重い荷物を駐車場まで運んでくれる
・名前を覚えてくれる
・いつも購入するものが安くなる日を教えてくれる

といったことが行われているとしたらどうでしょうか？

このような期待を超えるサービスを体験したら、「また行きたい！」と思うのではないでしょうか？　これが「顧客感動」です。

アメリカの靴のネット通販会社であるザッポス・ドットコムは、「顧客感動」を生むビジネスモデルを貫くことで、ネット通販最大手のアマゾンを凌駕したと言われている企業です。

ザッポスにおける最も有名なエピソードは、母親へのプレゼントに靴を購入した女性が、母親が突然亡くなったため靴を返品したいという電話をした際の話です。

コールセンターの社員は電話を受けた後、落ち込む彼女の元に宅配業者を手配し（本来返品の際は集荷所に靴をもっていく必要がある）、手書きのメッセージカードとお悔やみの花束を届けました。この行動に深く感動した彼女がＳＮＳに書き込み、その感動は瞬く間にネット上に広がり、ザッポスへの評価が一気に高まったのです。

このように、「感動」が重要になった背景には、ＳＮＳの広がりも影響しています。ＳＮＳによって、「顧客感動」は企業に爆発的な口コミ効果をもたらすようになりました。

◉部下を感動させることの意味

ひるがえって、「顧客感動」の「顧客」を「部下」に置き換えてみてください。

もちろん部下は顧客ではありませんが、あなたが職場において部下に感動を与えることができれば、部下の心は大きく揺さぶられ、やる気が一気に上がるということは想像できると思います。

感動は、部下のやる気を一段も二段も高く引き上げることができるアプローチなのです。

また、**上司に感動を与えられることによって、部下自身も同僚や後輩、顧客などに対して感動を与えたいと考えるようになるはずです。**

「顧客感動」を実現できる人材を育成することは、自社の成長に大きく貢献することでもあります。

◉人間だからこそできること

もうひとつ、感動の重要性についてつけ加えさせてください。

それは、「ＡＩよりも人間のほうが相手を感動させることができる」という点です。

ＡＩの進化はめざましく、小説やアート作品を生み出すなど、人間を感動させる領域へと触手を伸ばしています。

しかしながらやはり、目の前の人に感動を与えることができるのは人間だと私は考えています。

例えば、ＡＩは、Ｘさんの性格や行動パターンを踏まえた上で、Ｘさんを喜ばせるようなラブレターの文章をいくつも作成することができるでしょう。人間がそれをやろうとするとなかなか大変で、Ｘさんのことを思えば思うほど難しいかもしれない。思いが先行するあまり、支離滅裂でおかしな文章になる可能性もあります。

ですが、Ｘさんが感動するのは後者です。ＡＩの能力に感心はしても、感動はしない。目の前にいる人が、一生懸命悩んで書き上げてくれた、震える手でそれを渡してくれたことに心が動くのです。

２０３０年代から２０４０年代には、現在の仕事の40％はＡＩが代替しているだろうと言われています。そんな中で感動は、これからを生きる人々にとって非常に重要なキーワードだと言えるのです。

POINT

これからの時代に、私たち、そして企業が生き残るためのキーワードは「感動」である

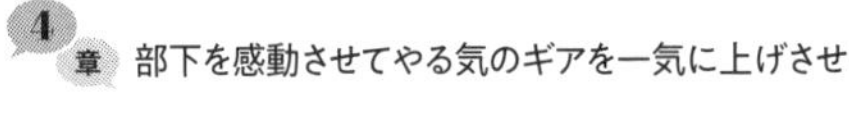

22 部下を感動させるポイント7【前編】

では、部下を感動させるためにはどうすればいいのか、という本題に入りましょう。

まず前提として、上司であるあなた自身の「感動感度」を上げておく必要があります。私は、感動するという感受性のことを、感動感度と呼んでいます。

日常のちょっとした出来事にありがたみを感じ、当たり前なことなど一つもないということに気づく。そのような、感動感度が上がっている状態を維持しておきたいところです。

感動感度を上げる具体的で最もいい方法は、感謝神経を高めることです。

1章の「07　部下の存在は当たり前じゃない！　感謝神経を高めよう」では、感謝神経を高める方法を紹介しています。すぐに実行できることばかりなので、ぜひトライしてください。

◉部下を感動させるポイント

部下を感動させるためのポイントは全部で7つあります。

ポイント1～4は上司自身が心がけておきたいことで、ポイント5～7は部下への具体的なアプローチ方法です。

7つのポイントを網羅できれば素晴らしいですが、まずは、これならすぐにできそうだなと感じたポイントからはじめてみてください。

ポイント1　自分自身をアップデートさせる

「未熟者であればあるほど、人に感動を与えられる。未熟者であることに誇りをもとう」。

これは、数々の企業のコンサルティングを行ってきた、私のメンターである福島正伸先生（株式会社アントレプレナーセンター代表取締役社長）からかけてもらった言葉で、いまでも大切にしています。

私はあるとき、福島先生に自分が引きこもりだったことを伝えました。そのときの私は落ち込んでいて自信がなく、こんな自分じゃダメだ……という感じで、引きこもりだったことが口をついて出たのだと思います。そのときに、右の言葉をかけてもらうことで、私は前向きになれました。未熟さも自分の魅力なんだと気づき、一歩前に進む勇気をもらったのです。

ともすると上司の方々は、上司として完璧でなければならない、仕事のデキる上司でなければならない、と自分で自分にプレッシャーをかけてしまいがちです。

ですが、完璧じゃなくていいんです。むしろ未熟でいい。

未熟だからこそ、常に好奇心と向上心をもって努力し、アップデートしていくことができる。その姿に、部下は刺激を受け、時に感動するのです。

例えば、次のような二人の上司がいるとします。

Aさん：新しい商材にはあまり興味を持たず、過去の実績をよりどころに顧客をつ

なぎとめている

Bさん：常に自分の中の情報を更新し、新たなことに興味をもって、果敢に新規開拓に挑戦している

AさんとBさんは、仕事への向き合い方がずいぶんと違います。

部下はどちらの上司と一緒にいたいと思うでしょうか？

答えはもちろんBさんです。

部下は、常に上司の動向を意識し、見つめています。

あなた自身が自らの成長のために努力すること。そして、その努力がすぐには実を結ばずとも、現状を前向きに捉え、トライする姿勢に部下は感動するのだと思います。


アップデートする上司を見て、「よし！　自分も頑張ろう！」と部下がすぐにやる気を出すとは限りません。しかし、自分はどうだろうか……と、少しずつ意識が変わってくるのは間違いありません。

ポイント2　継続して努力する

ポイント1の「自分自身をアップデートさせる」と似ていますが、ここで重要なのは「継続」です。

何事も続けることで成果が得られるという意味の「継続は力なり」という言葉は、継続することは想像以上に困難である、という前提から生まれた格言だと言えます。

継続には忍耐や強い信念を必要とするからこそ、上司が継続して努力する姿に、部下は感動します。

あなたは、自分の成長のために継続していることはありますか？

例えば、

・毎日必ず新聞を読む
・始業の15分前に来て仕事内容を整理する
・顧客を訪問した後はその日のうちに必ずお礼のメールをする

・週に一度は業界の情報を収集し、最新情報を部下に伝えている
・月に3冊はビジネス書を読む
といったことです。内容によって頻度はさまざまだと思います。

1日24時間のうちのたった1％の時間で構いません。24時間の1％は約15分です。その15分を、自分自身をアップデートさせていくための習慣にあててみてほしいのです。

みなさんは、「1・01の法則」をご存じでしょうか？
「1・01の法則」とは、1に1を何回かけても答えは1（1の365乗は1）ですが、この1が1・01になると、1・01の365乗は37・8になる、というものです。

これが何を意味しているのかというと、1が通常の自分だとすると、プラス0・01した1・01の自分は、0・01だけ努力した自分ということ。

つまり例えば、毎日、新聞を読んだり、始業の15分前に出社したりといった努力を、毎日365日継続することで、1年後には、37・8倍成長した自分になれるということ

とです。

自分が成長するための習慣がある人は、ぜひそのまま継続し、その習慣から得たことを部下に共有してあげてください。

特に継続して努力していることはない、という方は、何かはじめてみてはいかがでしょうか。

私がおすすめしたいのは、日報です。

クライアント企業である飲食業D社の各店舗の店長さんには、「お客様からの感動話」をはじめ、「クレームや問題点」、「メンバーのよかったところ」といったトピックを設けた日報を書いてもらっています。

そして、壁に貼り出して部下に見てもらうのです。

上司の日報を見た部下は、この内容を毎日毎日書き続けていること自体に心を動かされます。

〈日報の例〉

年　月　日　曜日　晴時々曇　℃

日替わり30　サラダ30
天ぷら30　　山田 太郎

A店	売上	¥700000	客数	400	客単価	1750.0
	11-15時	¥280000	客数	300	客単価	933.3

感動感度を高める	お客様からの感動話	カツ重を初めて召し上がられた女性常連さま。「カツがとてもやわらかく、とても食べやすかった。これからカツ丼はガツンとくるので、こっちにしよう」と喜ばれる。
問題意識を高める	クレーム他問題点	石臼そばを食べられた女性常連様に、「こんな、冷えてなくて伸びた様なそば食べられへん」と言われる。もう一度新しいものでお出ししたら「バッチリ!」とOKサイン。どうも最初の方が、いつものように冷たく思わなかったようだ。これからの時期、気をつけたい。
美点感度向上	メンバーのよかったところ	お客様から「あの子、接客がいいね」と言われた佐藤さん。そんな佐藤さんがホール・洗い場と通しで手伝ってくれました。佐藤さん、ありがとう。
経験を無駄にしない力向上	今日一日の感想	昼はここ数日同様サラリーマン・シニア層で賑わい、昨日以上に客数を取ることができた。夜も途切れることなくダラダラとお客様があり常連様・買い物帰りの女性客が多く思えた。飲み客はほぼなく、客単が上がらなかった金曜日。
未来を描く力を向上	明日への取り組み	達成率をさらに上げる為に、高単価な天ぷら系をはじめ重点商品を推していく。客数を重視し声かけでお客様を取り込み土日目標を超えたい。

日報を記入した部下へのメッセージ

平日でしたが客数が増えて売上が伸びましたね。キッチンは安定した美味しい料理を出していきましょう。お客様に喜ばれるサービスをしていると、それだけでもリピーターが増えるので、色々よいサービスをしていきましょう。今日は夜から雨が降りそうなので、昼の間に売上を作っていきましょう。

また、「メンバーのよかったところ」に、自分の名前が出てくれば誇らしい気持ちになるようです。

この日報は、具体的な効果にもつながっています。

例えば、

・「お客様からの感動話」や「メンバーのよかったところ」を見て、こうやって感動を与えるのかと学び、自分もやってみようと自分から動く部下が増え、現場においてお客様の感動につながるサービスが出て来るようになったり、職場の雰囲気がよくなったりする。

・アルバイト社員も、単なるお金としての報酬だけではなく、「○○さんのおかげだよ、ありがとう」と言われることで、心の報酬をもらえる喜びを知り、やる気を出してくれるようになる。

・上司側から言えば、毎日記入するうちに、「やらないと気持ちが悪い」習慣になって、常に部下のことを見て、いい点はないかと探したり、感動感度が高まったりする。

毎日地道に続けることで部下を感動させ、具体的な効果も見える化できるので、みなさんにもぜひやってみてほしいと思います。

ポイント3　諦めない

3つ目は諦めないこと。

自分自身の課題や困難な仕事を、諦めずにやり通してください。

その姿を部下は必ず見つめています。上司が諦めずに挑戦する姿に、部下は感動するのです。


そして、自分のこと以上に、部下のことを諦めないでほしいのです。

別の言い方をすれば、部下の可能性をとことん信じてあげてください。

たとえ部下自身が諦めたとしても、「いまはできなくてもいつかはできる」と、上司であるあなたは諦めない。

こう言うと、熱血過ぎて部下に引かれそうだと思う人もいるかもしれませんね。

ですから普段は、心の中に秘めておいてください。

「あなたの可能性を信じているよ」と言葉で伝え、諦めない姿勢を見せるのは、部下が落ち込んでいるときや、仕事が思うようにできていないときです。

以前、クライアントの企業の方からこんな話を聞きました。

何度営業に行っても成約がとれない、と諦めかけていた部下から相談を受けたその方は、「諦めずにもう一回行ってみよう。きっとできる」と言い、一緒に営業に行ったそうです。結果はやはりダメでした。しかしそれでももう一回営業に同行したところ、成約がとれたそうです。

上司の方は単に同行しただけで、ほとんど口を出さないようにしたとおっしゃっていました。それでも成約がとれたのは、自分のことを信じて諦めなかった上司の姿勢に感動し、部下がやる気を出したからでしょう。

ポイント4　スピード感を大切にする

何事もスピード感をもって実行することが大切です。

顧客との間でトラブルが起きたとき、ミスをしたとき、失敗したとき……と、顔が青ざめるようなことが起きたときには即座に対応する。

反対に、顧客や部下などに対して感謝の気持ちや喜ばしい気持ちが芽生えたときにも、すぐにそれを相手に伝えるべきです。

また、部下から相談があると言われれば、すぐに時間をつくり、相談内容が業務に関わる場合は、すぐに改善策に取り組みましょう。

スピードを大切にするということはすなわち、相手のことを大切にするということでもあります。

あなたがスピード感をもって部下に対応することは、「あなたのことをちゃんと見ているよ」「大切なメンバーの一人だよ」ということを、行動で伝えることなのです。

忙しいからといって、部下からの要望にのらりくらりと対応しない、部下に相談されたことに対して「考えておくよ」と言って放置しているといった態度では、部下を感動させることなど到底できないということを覚えておいてください。

POINT

部下は常に上司を見ている。
自分を成長させるために努力する上司の姿に部下は感動する

23

部下を感動させるポイント7【後編】

前項のポイント1～4は、部下を感動させるために心がけておきたいことでした。
ここからは、部下を感動させるための具体的な方法をお伝えします。

ポイント5　期待を超えるアプローチ

5つ目のポイントは、部下の想像を超えるアプローチを行うこと。そのためには、部下がどうすれば感動するのかを日ごろから考えておく必要があります。

いまの若い世代は、想像を超える何かを求めている人が多いと言えます。大抵の事柄はすぐに検索して答えを得ることができるので、期待通りのことに安心はするものの、心が大きく動くことはない。逆に言えば、期待を超えることに対しては、素直に感動するのです。

例えば、成約がとれました！　と報告してきた部下に対して、「すごいな！」と称賛する。

ここまでは、部下も想定の範囲内でしょう。

ところが、おめでとうの手紙を渡す、あるいは、ほかの部署であなたが成約をとれたことを称賛するといったことは、おそらく部下は想定していません。だからこそ、このような行動をしてくれたことに対し、部下は感動するのです。

いわゆるサプライズもおすすめです。

私のクライアント企業では、ある社員の誕生日に、自分たちで作成したＤＶＤを贈ったそうです。みんなからのおめでとうのメッセージと、仕事ぶりを称える内容で、もらった社員の方はすごく感動してくれ、仕事への意欲が高まったとのことでした。

また、プロジェクトが成功したときに、それまでの部下の努力や苦労、頑張りがわかるような動画を作成して発表するといったことも効果的です。

部下自身だけではなく、部下の奥様の誕生日や子どもの入学祝いなどにちょっとしたプレゼントを用意するというふうに、部下の家族に対しても気を配り、大切な日を祝うことで、サプライズになります。

実は、このような相手を感動させるサプライズのほうが、単に給与を上げるよりも、部下のやる気をＵＰさせることができます。

上司の方々には、「部下たちをどのようにして感動させるのか」と話し合ってほしいと思います。特にサプライズは、あなた一人で実施するよりも、管理職全員を巻き込んで実施したほうが盛り上がり、部下たちもより一層感動するからです。

ただし、上司のひとりよがりにならないよう、前提として、部下一人ひとりの求めていることや好きなこと、苦手なことややってもらいたくないことをきちんと把握しておきましょう。

ポイント6 one to everyone

ここで言うone to everyoneは、**一人の部下をみんなで喜ばせる、もしくはみんなで応援する**という意味です。

上司と部下の関係においては、1on1が非常に大切であることは、これまでにお伝えした通りですが、感動させるという点で言えば、one to everyoneは非常に有効です。

例えばある企業では、営業職の新人が初受注を獲得すると、社内アナウンスを流し、そのアナウンスを聞いて集まったさまざまな課のメンバーが、初受注のお祝いをするという取り組みをしています。組織をあげて一人を喜ばせる。そうすることで、その新人は感動するというわけです。

one to everyoneの具体例として、私が営業職の方々向けの研修で行っているワークである、「最高の電話」という「予祝」を紹介したいと思います。予祝とは、読んで字のごとく、予め祝うことです。「最高の電話」という予祝は、株式会社夢を叶える学校代表の武田葉子先生が実施している「夢を叶えるためのワーク」からヒントを得たものです。

・予祝（最高の電話編）

まず何をするのかというと、営業現場で、顧客からどんな連絡をもらうと嬉しいかを部下に考えてもらいます。大型受注や一度キャンセルになった案件の受注などを想定する人が多いですね。

次に、その内容の電話がかかってきたとい

う想定で、本人に携帯電話（もしくは会社の電話）をもってもらって、顧客と話すお芝居をしてもらいます。

その様子を、上司であるあなたを含む営業メンバーは見守り、内容の報告を受けた瞬間にみんなで大喜びをします。

すべてお芝居ですが、自分の未来のためにみんなが集まってやってくれていることに部下は感動し、やる気が出るのです。

このワークを行うときには、動画を撮っておいて、部下に送ってあげてください。そして営業に行く前などに見ることをすすめてください。

実際に研修でこのワークを体験し、動画を見続けたことによって、成果が出たという人は少なくありません。なかには、「大型受注を獲得することができた」と報告してくれた人や、研修当時よりも2段階も昇級した人もいます。

ほかにも、性格を変えるきっかけになったという人もいます。ＩＴ系の営業会社に勤める営業職のHさんは、なかなか成績が伸びずに悩んでいました。営業現場では、顧客に対して最後の一押しができなかったそうです。ところが、このワーク後、毎日動画を見ているうちに、あと一押しができる営業マンになりたいという思いが強くなり、元々の押しが弱い性格を自ら変えることで、成果が出るようになりました。

ポイント7　シチュエーションを工夫する

突然ですが、最近あなたが感動したのはどんなことですか?

私は、知人の結婚式で思わずもらい泣きをしてしまうほど感動しました。新婦の方がご両親に対してお手紙を読むシーンには、いつも涙腺がゆるくなってしまうのですが、それは私だけではないと思います。多くの方に経験があることではないでしょうか。

なぜ結婚式で感動するのかというと、新郎新婦のエピソードやご両親への思いに共感したり、心を動かされるからだというのは言うまでもありませんが、実はほかにも感動を喚起する要素があります。

それは、音楽や映像、スポットライトといった演出です。なかでも、音楽の効果は大きいと言えます。

・音楽で感動を喚起する

結婚式では、新郎新婦の登場や歓談、スピーチなどそれぞれの場面に応じて音楽が流されますが、それらの音楽が一切なかったとしたらどうでしょうか。その場で受ける印象やわき起こる感情が一回りも二回りも小さくなってしまうと思います。

映画にしても、音楽がなければ、多くの人を感動させる作品を生み出すのは至難の業だと言えそうです。

少し前置きが長くなりましたが、会社においても、シチュエーションに合わせて音楽を活用してみてください。**感動がわき上がりやすい雰囲気をつくるのです。**

例えば、朝礼や会議などで、

・部下を表彰するとき

・営業職の成績を発表するとき

・チームのビジョンや目標を発表するとき

といった場面で音楽を流してみましょう。

私が研修で音楽を流すときには、感謝を伝える場面では、『ありがとう』（ＫＯＫＩＡ）や『言葉にできない』（小田和正）、みんなでひとつになるときには『デスペラード』、決意表明のときには『君に捧げる応援歌』（ＨＩＰＰＹ）といった楽曲をよく流します。

音楽を流す場面や使用する楽曲によっては、部下を感動させるだけではなく、直接的に鼓舞することもできます。

プロ野球では、バッターが登場する場面で、各選手が選曲した登場曲が流れます。お気に入りの登場曲が流れることで、選手はより一層気合いが入るのでしょう。

私が行っている企業研修においても、営業職のメンバーが決意表明をする場面では、それぞれが選んだテーマソングを流しています。

・動画を流す

音楽と同様に、動画も感動を喚起します。

196ページの「ポイント5　期待を超えるアプローチ」では、部下の誕生日に手づくりのＤＶＤを渡したというエピソードを紹介しました。

自分たちで部下を主役にした動画が作成できれば理想的ではありますが、時間も手間もかかりますし、なかなか大変だと思います。

そこで活用してもらいたいのが、いわゆる〝感動動画〟です。

YouTubeなどで検索すると、子どもが頑張る姿や家族の絆、スポーツでひとつになる喜びなど、ストーリー性のある感動動画がたくさんアップされています。

それらの中から適当なものを選び、月一回の営業成績を発表する会議や、大事なチームミーティングの最後に流してみてください。

そのときには、室内の照明を落とすことを忘れないでください。周囲が暗くなることで、動画に集中し、その世界により没入しやすくなることで、感動しやすくなります。

・アイテムを用意する

部下を感動させるにあたっては、具体的なアイテムを用意するのもひとつの手です。

お祝いの言葉や感謝の言葉を集めた寄せ書きなども、「自分は一人じゃない」「こん

なに多くの人に祝福されている」ということがしっかりと伝わるため、部下は感動します。

また、「ディズニーランドを経営している株式会社オリエンタルランドでは、一生懸命頑張ったスタッフを労うための会を定期的に開き、スタッフに感謝の言葉をおくるとともに、首にメダルをかけるそうです。メダルをかけてもらったスタッフの多くは涙を流して喜び、やる気がアップするという話を元社員の方から聞きました。首にかけたメダルは安価な商品だそうですが、そのようなアイテムもまた、感動を喚起するのです。

POINT

想定を超えること、みんなで喜び応援することを念頭に、部下を感動させるシチュエーションを考えてみよう

24

感動したことを成長に変える「感動TTP会議」

ここまでは、部下のやる気を一段も二段も上げさせるべく、部下を感動させるポイントについてお伝えしてきました。

ここからは、**部下と感動を共有し、その感動した内容を自分（部下）の仕事に置き換えることで（真似ることで）、成果を上げさせる「感動TTP会議」**というワークを紹介したいと思います。

「感動TTP会議」のTTPは、徹底的にパクる（真似る）、つまり、感動した内容を徹底して真似するという意味です。

【感動TTP会議】

感動TTP会議は、上司と部下で感動を共有する会議ですが、どのような会議なのかを詳しく説明する前に、大阪の美容室（株式会社アン）の実践を紹介しましょう。

アンでは、新人社員の研修として、2泊3日で東京ディズニーリゾートを訪れるそうです。研修の内容は、新人たちそれぞれに、東京ディズニーリゾートで感動したサービスや出来事を50個書き出してもらい、それらをどうすれば自社に落とし込めるかを考えさせるというものです。

この美容室では、新しい人材が、感動をキーワードに新たなサービスを生み出すことにつながる、とこうした新人研修を毎年実施しています。

美容室が実施している新人研修のポイントは、

・新入社員自身が感動する
・どこに感動したのかを考えさせる
・感動した要素を自分の仕事に置き換える

ということです。

東京ディズニーリゾートに行って、ただ感動しただけでは仕事には結びつかない。

部下が感動したことを仕事に活かすための取り組みなのです。

自分自身が感動したことが起点になるため、部下は、自分が受け取った感動を誰かに与えたいと考え、行動するようになります。

ひいては、「顧客感動」を実現できる人材になるのです。

感動ＴＴＰ会議もポイントは同じです。異なる点は、東京ディズニーリゾートに行かずに気軽に実施できるということですね。

では早速、感動会議のやり方を説明しましょう。

初級編と応用編があるので、まずは初級編から実施してみてください。

【感動ＴＴＰ会議のやり方：初級編】

上司と部下の1on1で行ってください。

①「あなたが今までで一番感動したサービスを教えてください」と部下に聞いて、

書き出してもらう。仕事上のことでも普段の生活の中でのことでも構いません。

②何に感動したのかを考えさせる。最初は一緒に考えましょう。

③②を一つひとつ、どのようにしたら自分の仕事に置き換えられるのかを考えさせる。最初は一緒に考えてもOKですし、下のような具体例を用意してもいいでしょう。

〈美容室アンの新人研修例〉

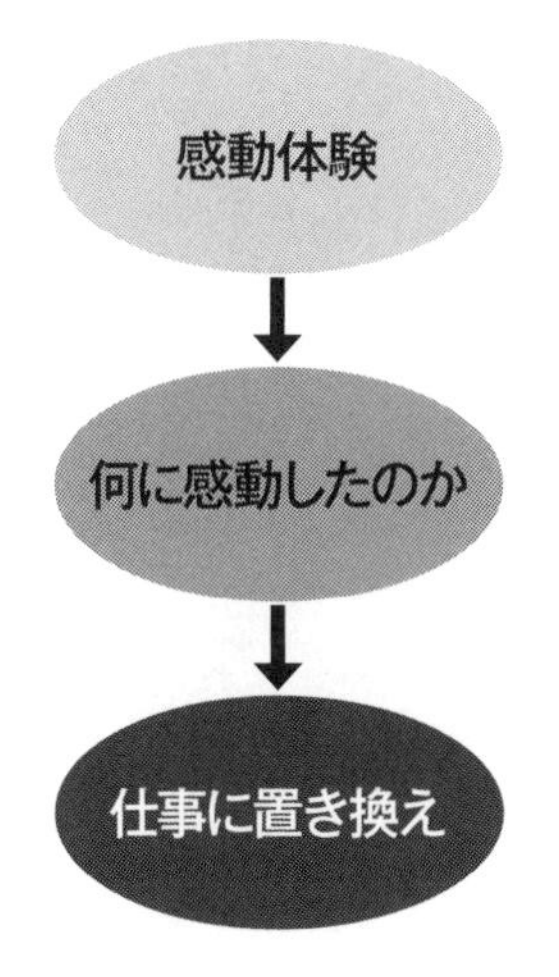

ディズニーランドでアトラクションの列に並んでいるときに感動した

掃除をしていたカストーディアルキャストが、ゲストを飽きさせないようにと手にしていたブラシで絵を描いて、周囲を楽しませていたことに感動

美容室で順番を待っているお客様にアメを用意しよう

一度初級編を経験するだけでも、自分が何に感動したのか、それをどのようにして仕事に置き換えればいいのかがわかります。

実際に、自分の仕事に置き換えて実行に移し、顧客やメンバーに喜ばれたり、感動されたりすれば、それはそのまま成果につながります。

私は営業研修をする際には、必ず参加者全員の顔と名前を覚えてから臨むようにしているのですが、そのことに感動した参加者の一人が、顧客企業の電話対応や受付をしてくれた人の名前を覚えて顧客に会いに行くようにしたところ、受注が決まるようになったと話してくれました。

これはまさに感動した内容を徹底的にパクる（ＴＴＰ）の好例です。感動ＴＴＰ会議に慣れれば、会議という形態にこだわらずとも、感動した内容をＴＴＰできるようになります。

【感動ＴＴＰ会議のやり方：応用編】

上司と部下の1on1ではなく、部下全員に実施してください。もしくは、上司と部下の区別なく、チームや課、部全体で実施してもいいでしょう。

①「あなたが行ったサービスの中で一番相手を感動させたサービスを教えてください」と聞き、書いてもらう。営業職以外であれば、「お客さん、もしくは社内で誰かにありがとうと言われた経験について教えてください」などと聞く。
（初級編で、自分が何に感動したのか、を考える経験を経ていないと、相手をどんなふうに感動させたのか、は書き出しにくいと思います。ぜひ初級編で慣れてからトライしてください。）

②全員の感動エピソードから、いくつかピックアップをして発表する。本人に発表してもらうのがいいでしょう。

③①&②を月に1回実施する。

応用編のポイントは、

・選ばれた人も選ばれなかった人も、感動の大切さに改めて気づく
・そんな感動のさせ方があるのか、と学ぶことができる

ということです。

「こんなふうにしてお客さんを感動させました」という感動エピソードを真似することは、成果を上げる近道です。部下には、感動ＴＴＰ会議で知ったエピソードをどんどん真似してみよう、と伝えてください。

また、会社全体で実施すれば、会社全体で感動を共有することができ、普段は関わらない部署の人々の仕事や思いに触れるなど、組織を活性化することにもつながります。

POINT

感動したことを仕事に置き換えて真似させることで、部下の成長を促す

5章

感謝と感動を広げ、やる気に満ちた組織へ

25

承認し合い、感謝に溢れる組織を目指す

いよいよ最終章です。ここまでくれば、あなたはすでに、部下をやる気にさせられる上司として、アップデートしているはずです。

また、これまで紹介したさまざまな考え方やメソッド、習慣をひとつでも実行していれば、部下にも変化が現れてきているでしょう。

そこで5章では、組織全体のやる気がUPし、上司も部下も、すべての社員がひとつになることで業績が上がるメソッドを紹介します。

これまでに解説したメソッドの中で特に大切な考えなどについても、新たな視点を加えながらお伝えしたいと思います。

◉部下同士が承認し合えば「ワンチーム」になれる

1章の「04　部下が求める上司像とは」では、「部下が上司に求める3つのこと」

として、「一人ひとりを承認する」必要性について触れました。

上司であるあなたが部下を承認していれば、部下との関係性は良好なものになり、「この人は自分のことを見てくれている」「考えや存在を認めてくれている」と信頼関係も育まれます。

ただしそれはあくまで、上司と部下という縦軸の関係性の話であって、部下同士の横軸の関係性には直接的な影響はありません。

上司と部下という縦軸の良好な関係性にプラスして、横軸である部下同士が承認し合えたとしたら、何が起きると思いますか？

チームあるいは部署といった組織がより一層安心・安全な場になり、信頼関係が育まれ、一体感が高まります。いわゆる「ワンチーム」になれるのです。

「ワンチーム」とは、2019年のワールドカップで史上初の8強入りを果たしたラグビー日本代表が掲げたスローガンです。互いの存在や個性を認め合い、目標に向かってそれぞれが力を出し合える組織のことだと私は捉えています。

◉部下同士の承認を促す場をつくる

「みんなで承認し合おう」と号令をかけたところで、動いてくれる部下は少ないでしょう。最初は無理やりにでも、承認し合う場をつくることが大切です。

例えば、朝礼や会議、ミーティングなどで、よい取り組みや、顧客、メンバーに喜ばれたこと、助けられたことなどをメンバー間で共有し、拍手をする。もしくは、「すごい！」「いいね」などと言い合いましょう。

上司であるあなたが率先して承認を表明することで、部下たちも次第に互いのいい点を言い合えるようになるでしょう。

◉感謝が溢れる組織へ

承認し合える組織になり一体感が生まれたところで、業績UPを目指してもう一歩、組織を前進させる取り組みがあります。

それは、「感謝し合う」ということです。

相手に感謝の気持ちをもち、「ありがとう」をきちんと伝える。単純なことのようですが、意外とできていないということは先にもお伝えしました。それはなにも、上司のみなさんだけに言えることではありません。先輩後輩、同僚、チームメンバー同士の間においても言えることです。

私の知る限り、業績のよい企業は感謝に溢れています。

互いの存在や行為に感謝し合える組織は、心理的安全性が高く、失敗を恐れずに新たなチャレンジをする創造性に満ちているのです。

1章の「07　部下の存在は当たり前じゃない！ 感謝神経を高めよう」では、上司自身の感謝神経の高め方について解説しましたが、次のステップとして、部下たちの感謝神経を高めるべく取り組んでみてください。

1章で紹介したトレーニングを部下にもやってもらいましょう。

常に感謝の気持ちをもち、相手に伝えることが習慣になっているというように、あなた自身の感謝神経が高まっていれば、即実行です！

現時点ではまだ感謝を相手に伝えられていないなど、感謝神経が高まっていない場合は、あなた自身がトレーニングをしてアップデートしましょう。

まずは上司であるあなたから、が鉄則です。部下にやってもらうのは、その後です。

感謝し合う組織を目指して、ぜひ、組織全員の感謝神経を高める取り組みにチャレンジしてみてください！

POINT

部下同士も承認し合うことでワンチームに。
さらに、感謝溢れる組織を目指そう

26

最強の組織になる「メンタリングセッション」とは

4章までは、基本的には上司が部下をやる気にさせるためのメソッドをお伝えしてきました。

ここで紹介したいのは、部下だけではなく、チームや事業部、ひいては組織全体のメンバーが互いを勇気づけられるようになるメソッド「メンタリングセッション」です。

人は、勇気を与えられることで、やる気が高まり、問題に立ち向かえるようになるのです。

では早速、「メンタリングセッション」とはどのようなものなのか、を説明していきましょう。

◉メンタリングセッションの効果

メンタリングセッションの目的は、「問題を解決するのではなく、問題に挑む勇気を与え、その人の可能性を最大限に引き出す」ことです。

最初に、部下の一人が仕事の課題や悩みを発表します。

次に、40分程度の時間を設け、発表者以外のメンバーそれぞれが、発表者を勇気づけるメッセージを送ります（メンターシートを書きます）。

約1カ月後、発表者は、その中のどんなメッセージに勇気づけられたのかを、みんなの前で発表します。自分が勇気づけられた順に、1位から3位、参加者が多い場合は5位くらいまでを発表します。

以上がメンタリングセッションの大まかな流れですが、具体的に何が起きるのかを解説します。

課題や悩みを発表した部下をAさんとしましょう。

Aさんは、メンターシートを受け取り、こんなにも多くの人が自分のことを真剣に

考えてくれている、という事実にまず感動します。メンターシートを読み、自分が抱えている問題に立ち向かう勇気が沸いてくる。すなわち、やる気が高まるということです。

他のメンバーは、Aさんに選んでもらえるように、競い合うようにしてメンターシートを書きあげます。なかには、A4サイズのメンターシートの裏までびっしり書き込む人もいます。

Aさんに選ばれたメンバーは、「すごい!」とみんなに称賛され、自信がもてるようになります。

そして、Aさんがどんなメッセージに勇気づけられたのかを、その理由とともに発表することで、人を勇気づける言葉や考え方などを組織内で共有することができます。

私はこれまでさまざまな企業でメンタリングセッションを行ってきましたが、「人

に勇気を与えられる人こそが成果を上げることができる」と実感しています。

どういうことかというと、メンタリングセッションで部下や同僚、先輩や後輩に勇気を与えることができる人は、顧客や周囲の人にも、一歩を踏み出す勇気を与えることができるからです。

勇気をもらったと感じた顧客は、「〇〇さんだから購入する」「〇〇さんと一緒に仕事をしたい」と思うようになります。

実際に、発表者から「勇気をもらった」とメッセージが選ばれた人に聞いてみると、「お客様に対しても、自分の言葉や行動で勇気を与えたり助けたりできるんだ、と自信をもって営業できるようになった」と話してくれました。

営業という仕事で大切なのは、「何を売るか」でも「どう売るか」でもなく、「誰が売るか」です。「〇〇さんだから」と思われるようになれば、自然と成果はついてくるのです。

メンタリングセッションは、アメリカのシリコンバレーでフォーラムという形ではじまったと言われています。

1カ月に1回、12名の経営者が集まり、そのうちの一人が自分の悩みをみんなの前で発表。他の11名は、発表者を勇気づけるメッセージを考えて伝える。翌月に発表者が、誰のメッセージにいちばん勇気づけられたのかを発表する。

そのようなフォーラムを続けたところ、彼らの会社の業績が爆発的に上がるという結果を生み出しました。

これが少しずつ形や規模を変え、メンタリングセッションという形で広がりました。

メンタリングセッションは、課題や悩みを抱える一人を勇気づけることが目的ではあるものの、結果的に、メンバー全員をひとつにし、ひいてはやる気にさせ合うことができるという最強の組織をつくる方法なのです。

私自身は、福島正伸先生（株式会社アントレプレナーセンター代表取締役社長）のもとでメンタリングセッションについて学びました。福島先生の連続講座である、コンサルタントが多数参加するメンタリングセッション大会では優勝も経験しています。

本書ではさまざまなメソッドを紹介していますが、メンタリングセッションは、私が企業研修において力を入れている取り組みのひとつで、１００回以上は実施しています。

それほどに、効果を感じているメソッドだということです。

クライアント企業においても、メンタリングセッションは非常に人気があり、毎月実施している企業もあります。

◉発表者の変化と成果の実例

組織全体が変わるには、メンタリングセッションを継続するというそれなりの時間が必要ですが、一度、メンタリングセッションで課題や悩みを発表した発表者の変化は、すぐに現れます。

ここで、実際の発表者の変化と成果の一例を紹介しましょう。

ご本人のコメントは少し長くなりますが、大切なことを書いてくれているので、省略せずに紹介したいと思います。

山口健太さん【IT系企業・営業職】

がむしゃらに仕事に取り組んでいたものの、8カ月の間、まったく結果が出ずに落ち込んでいたという山口さん。メンタリングセッションでそうした悩みを発表しました。

〈山口健太さんのコメント〉

「役職に関係なく社員全員が、自分一人のために耳を傾け、目を向け自分事として捉え、本気で向かい合ってくれている姿に改めて、大切な仲間（家族）として支えてくれているんだなと感じました。その後は、それまでなぜか敵だと思ってしまっていた苦手な上司にも自分から常に一緒にいるようになり、仕事の質問も増えました。なんとなくになってしまっていたリストづくりにも取り組みました。現場に出ることが怖くなっていたり、契約が貰えず自信がもてなくなっていたりという状態でしたが、メンタリングセッション以降、現場に出ることが、怖いから楽しいに変わり、契約を貰えないとしてもそこから何かを得ようと必死にもがき、上長からのフィードバックに時間を使いながら毎日仕事をしました。その甲斐があり、2カ月後には役職がひとつ、その3カ月後にまたひとつ役職が上がり、半年後には課長職になることができました。その年には社長賞も受賞することができました」。

鈴木敦さん【IT系企業・営業職】

鈴木さんは、入社してから3年の間、思うような結果を残すことができず、後輩にどんどん追い抜かれ、会社を辞めようと考えていたときに、メンタリングセッションで発表者となりました。

〈鈴木敦さんのコメント〉
「今まではアドバイスですら攻撃されてるように感じてしまい、反論したり、素直に受け止められなかったのですが、メンタリングセッションによって、会社のメンバーは仲間なんだと気づくことで、アドバイスを素直に受け入れられるようになり、前向きな行動を起こしていくことができるようになりました。上司との関係もよくなり、結果として役職が上がり、事業部のギネス記録を出すことが出来ました」。

宮﨑春歩さん【エステ運営企業・エステティシャン／営業】

宮﨑さんは、後輩の育成と、自分自身と後輩のモチベーションの安定に悩んでいたタイミングでメンタリングセッションの発表者となりました。

〈宮﨑春歩さんのコメント〉

メンタリングセッション後は、自分自身のやる気を示すこと、一緒に頑張ろう！と前向きな声をかけること、落ち込んでいるときは「ピンチはチャンス！」を合言葉にポジティブ変換して取り組むことを意識して毎日の業務に取り組むようにしました。すると、後輩もどんどんやる気になり、相談が増え、頼ってくれるようになりました。辛いときやモチベーションが下がってしまったときはそのままにせず、「宮﨑さん、いま○○な状態なんですが、どうしたらいいですか？」と自分から言ってくれるようにもなりました。結果的に、店舗全体の雰囲気もよくなり、周りからも○○店頑張ってるね！と声をかけて頂くことも増えました。後輩も過去最高の売上げを上げることができ、私自身も人間として成長する機会となり、役職が上がりました」。

3名のコメントからは、メンタリングセッションで「会社の同僚や後輩、上司は仲間である」と気づくことによって勇気づけられ、やる気が上がり、周囲との関係性も変わり、成果につながっていることがわかります。

POINT

メンタリングセッションは、課題や悩みを抱える一人を勇気づけ、ひいては、メンバーをひとつにし、やる気にさせ合うことのできる組織をつくる

27

メンタリングセッションを成功させるポイント

メンタリングセッションを実施する際にはいくつかのポイントがあるので、ひとつずつ確認していきましょう。

◉感謝神経が高まってから実施する

メンタリングセッションは、組織における感謝神経を高めた後に実施してください。

多くの人の前で自分の課題を赤裸々に発表するためには、職場の心理的安全性が高まっていなければ難しいでしょう。

また、発表者を勇気づけるメッセージを考えるにあたっても、相手の存在を承認し、感謝できるマインドになっている必要があります。

感謝神経の高め方については、1章の「07　部下の存在は当たり前じゃない！　感謝神経を高めよう」に具体的なトレーニングを掲載しているので、組織内で共有してほしいと思います。

◉チームや事業部合同で行う

メンタリングセッションは、朝礼や会議の合間に実施するというよりも、メンタリングセッション用の時間を設定して実施してください。

というのも、**できるだけ多くのチームや事業部と合同で実施したほうが効果があるからです。**

私が企業研修でメンタリングセッションを行う場合は、社員全員に集合してもらいます。

例えばある企業では、営業職だけではなく、事務担当や開発担当など、職種や事業部を越えてメンタリングセッションを実施したそうです。その結果、問題を発表した発表者は、「こんなにも多くの人、また、いままで知らなかったメンバーでさえも自分にメッセージを送ってくれた」と感動し、勇気づけられたとのことでした。また、互いの仕事内容や各事業部の考えなどを知るいいきっかけになったという声がたくさん聞かれたそうです。

事業部合同で実施したほうがいい理由はもうひとつあります。

ひとつの事業部内で実施すると、勇気づけられたメッセージを発表者が選ぶ際に、上下関係を意識してしまう可能性があるからです。

例えば、社員が10人の事業部で、部長と課長とがいるとしたら、「やっぱり部長と課長は選んでおいたほうがいいか」という配慮が生まれ、1位2位を上司が独占してしまうかもしれない。そうなると、メンバーは本気でメッセージを書かなくなってしまいます。

上司だけが選ばれるという結果にならないように、ベスト3ではなく、ベスト5まで選ぶといった工夫も必要ですが、やはり、普段は一緒に仕事をすることのない他事業部とともに大人数で実施するのが理想です。

◉発表者の決定方法

メンタリングセッションでは、部下の一人が仕事の課題や悩みを発表するわけですが、その**発表者は、上司が決めてください。**

私が企業研修でメンタリングセッションを実施する場合は、次の①②を通して発表者を決めてもらいます。

① **候補者決定：メンタリングセッション2週間前**

上司は、発表候補者3名をピックアップする。最近元気がない、伸び悩んでいるといった様子の部下や、背中を押してあげたい、今がまさに伸びどきと感じる部下3名に、「メンタリングセッションで自分の悩みを発表しませんか？」と声をかける。

② プレゼンを実施して一人を選ぶ：メンタリングセッション1週間前

候補者3名は、発表者として自分が選ばれるように、「こんな悩みを抱えているので、ぜひみんなに勇気づけてもらいたい」という内容のプレゼンテーションを上司の前で実施。

プレゼンの内容は、90秒、450文字に収まるように考え、上司と相談しながら練り上げる。

①②は必須ではありませんが、本気で悩み、勇気づけてもらいたいという熱意のある部下が発表者になったほうが、勇気づける側もがぜん本気になります。

そこまで時間をかけられないという場合は、①で挙げたような部下の中から、発表者を一人指名してください。

◉メンターシートを書く際の注意点

メンタリングセッションでは、発表者を勇気づけるメッセージをA４用紙（メンターシート）に書いて渡します。

メンターシートを記入する時間は20分前後にしましょう。一気に集中して書き上げてもらいます。

書く内容は自由ですが、ひとつだけ注意してほしいことがあります。

それは、「こうしたほうがよい」「○○すべきだ」といった、問題の解決方法やアドバイスは原則NGということです。

先ほどもお伝えしましたが、メンタリングセッションの目的は、「問題を解決するのではなく、問題に挑む勇気を与え、その人の可能性を最大限に引き出す」ことです。

つまり、目の前の問題を解決するのではなく、これからどんな問題が起きても自分で解決するために挑戦したい！と思える勇気を与えるのがメンタリングセッションなのです。

POINT

メンタリングセッションは、感謝神経が高まってから、部署や事業部合同で実施しよう

勇気を与えられる人になるための「勇気を与える6要素」

私はこれまで、様々な企業でメンタリングセッションを実施してきましたが、発表者になった人はみなさん、「みんなからもらったメンターシートが一生の宝物だ」とおっしゃいます。社員数が多ければその分メンターシートの枚数もかなりの数になるのですが、「一枚たりとも捨てられない」と。

メンタリングセッションから時間が経っていても、落ち込んだときには必ず見返すという人も多いですね。

なかでも、自分が1位から3位に選んだメンターシートの言葉は、ずっと心に響き続けるようです。

そのようなメンターシートを書くためにはどうすればいいのでしょうか。

実は、発表者に選ばれるメンターシートには共通点があります。その共通点は言うなれば、人に勇気を与えられる重要な要素。メンターシートを分析してみると、勇気を与える要素はおもに6つありました。

この勇気を与える6要素をおさえれば、発表者に選ばれるメンターシートを書けるようになる、すなわち、人に勇気を与えられるようになるということです。

それでは早速チェックしていきましょう！

◉勇気を与える6要素

【感謝】

感謝については、これまで何度もその重要性をお伝えしてきましたが、やはり、相手を勇気づける上でも欠かせないポイントです。

まず、「私にそのような悩みを話してくださったことを感謝します」という気持ちをもちましょう。

実際に、「本音で話してくれてありがとう」「この会社にいてくれてありがとう」など、発表者への感謝の言葉からメンターシートを書き始める人が多いです。

【気づき】

「気づき」とは、メンターシートを書く人が、発表者の悩みを聞いて、気づいたことや学んだことなどを、発表者にフィードバックすることを指します。

「○○さんの話を聞いて、△△が大切だと気づかせてもらいました」。

「○○さんはいま悩んでいるけれど、自分も昔同じことで悩んでいて、だからこそいまがあるんだと気づくことができました」。

「○○さんが本気で悩んでいる姿を見て、自分はまだまだ本気じゃなかった、もっと努力できるんだと気づかせてもらいました」。

発表者である部下は、メンバーや上司からこのように伝えられると、自分の悩みや悩みを話したこと自体が、相手にいい影響を与えているのだと実感でき、勇気がわいてくるのです。

【共感】

発表者の悩みを聞き、その感情を把握して、共感の意を示しましょう。

同じような悩みを抱えたことがあれば、そのときの自分の感情を思い出しながら、実体験を伝えます。

例えば、

「私も以前営業成績がまったく上がらないときがありました。そのときは自分にイライラしたし、周りを見る余裕もありませんでした」。

というふうに、自分の経験を伝えるとよいと思います。

【魅力】

発表者の魅力を積極的に伝えましょう。

〝想定外〟の魅力を伝えることができれば、発表者はより一層勇気をもらえるはずです。

〝想定外〟の魅力については、3章の「17 部下に〝想定外〟の魅力を伝える『ターゲットチャーム』」で詳しく解説しています。

また、

「なかなか行動できないとおっしゃっていましたが、しっかりと立ち止まって考えることができるのは、○○さんの魅力ですね」。

というふうに、発表者が欠点だと思っていることを、視点を変えて魅力として伝えられると、なおいいと思います。

【励まし】

「励まし」とは、励ましの言葉を伝えようという意味です。

「一緒にやっていこう」「みんなそばにいるから、大丈夫！」「あなたならできる」といった、シンプルでストレートな励ましの言葉は、普段は気恥ずかしくてあまり口にはできないかもしれません。

だからこそ、文字にして伝えることで、発表者の背中を押すことができます。

【出番】

ここで言う「出番」とは、あなたが悩んでいるときこそ私の出番というイメージで、要は、「相手のためにできることを伝える」ということです。

例えば、

「一緒に営業先に行きましょう」。

「△△のことで詳しい人がいるから紹介します」。

「○○さんと同じ悩みを抱えていた××さんと話してみてください。××さんには私が一声かけておきます」。

など、言葉だけではなく、行動をともなった支援をする旨を伝えてください。

自分のために行動してくれる人がいるとわかることで、発表者のやる気がわいてきます。

【感謝】【気づき】【共感】【魅力】【励まし】【出番】の6要素を網羅できればベストですが、網羅できずとも、発表者を勇気づけたいと本気で思っていれば、おそらく自然と6要素のうちのいずれかは、メンターシートに書き込んでいるはずです。

「勇気を与える6要素」については、メンタリングセッションを通して、部下たちに伝えていってほしいと思います。

◉実例：勇気を与えたメンターシート

ここで、私が企業研修で実施したメンタリングセッションで、実際に、発表者に選ばれたメンターシートの実例をお見せします。波線部分が、発表者が特に勇気づけられたメッセージです。

メンターシート

氏名：上原

柳町へ
・人間力、人を惹きつける物はすでに持っていると思う。
主任なのにとかは思ったことがない。一緒にいる時は横で仕事していて、大阪に行った時もずっとO2Oで一緒にやってたから長い付き合いになるね。俺が思う柳町[illegible]という人間は真っ直ぐな未来に突き進める行動力だと思っています。誰かと比べられ、自分に自信が無くなったり、柳町がなりたい自分の将来像って佐藤次長、[illegible]人さんなのかな？少なからず俺は思います。きっと柳町もそうだと思います。佐藤次長、[illegible]人さん、たくさん吸収したいと思うことある。でも俺は柳町の本当の強さっていうのは佐藤次長のような冷静で、[illegible]人さんの高いコミュニケーション能力ではないということはわかっているはず。人にストレートに[illegible]、迷いなく熱くなっている柳町が俺は好き。らしいな〜 俺にはない力だなと感じてます。失敗した時とかに俺よく言ってるけど柳町らしいよね。そんな柳町ブランドを作って下さい。作れるはず!!

優しく真っ直ぐな性格が故にプレッシャーで押し潰されてしまいそうになり、なりたい・やりたいより、ならなきゃやらなきゃと責任感を持っている柳町が[illegible]。柳町の存在が大きなことは柳町の近くにいる人はきっとわかっている。柳町の強みを。

人とは違う、人間性で勝ち上がればいいじゃん!! 存在の大きさを俺も実感している者のうちの1人です。佐藤次長にしか、[illegible]人さんにしか、柳町にしか、俺にしかできないことを重ね合わせ東京O2Oを共に大きくしていこう!! これからもよろしく!! 共に課長へ〜!!

メンターシート

氏名：はるか

棚町へ

あのひっつき一番の棚町が皆んなの前で泣きながら悩みを発表していたことに正直びっくりしたけど、めっちゃ心動かされた！ありがとう！

てか棚町ってそんなに自己肯定感低いの!?

私から見た棚町って、まず入社式？内定式？の日に新卒代表であいさつを頼んでいて「こいつめちゃくちゃ仕事できそうだな…」って敵対視するくらいには輝いてた！実際入社してからも、周りからの棚町への期待値って他事業部からみてもすごく高かった。

実際めっちゃ数字上げてたよね。それでいて棚町って[illegible]けんきょで、誰も変えないペットボトルのゴミ袋を誰も見てないところで率先して変えてたりとか、そういう数字以外でも人としてのポイントが高いところ、尊敬してるし、若干嫉妬しちゃうな（笑）

誰かが言ってた通り、海斗とか[illegible]さんにはもちろん敵わないような強さや力はあると思うけど、そういうのって棚町にもめちゃくちゃあるんだな。というか棚町が掲げてる"全力課長"ってそういうことでしょ？

テクニックがあって人をひきつける高いトーク力があってマネジメントも上手くて課長になるような人じゃないでしょ？ そんな根拠はないけどただリンクス、O2Oを拡大したい、部下を幸せにしたいっていう気持ちで心でぶつかってくれる課長が"全力課長"なんじゃないの！

めっちゃ最高じゃん。てかめっちゃ棚町そのまんまじゃん。確かに[illegible]は下手かもしれないけど、棚町にはトークじゃなくて心で気持ちで人を動かす力が誰よりもあるよ。同期、[illegible]人を見る目がめちゃくちゃある私が言うんだから間違いない!!! もう同期も私と棚町と海斗と[illegible]だけになっちゃったけどさ、[illegible]なんだかんだ最強の4人だと思ってる。

サンキュー!! 棚町と同期で本当にめちゃくちゃ光栄です!!
私と同期で幸せでしょ？ そういうこと！ もちつもたれつ
数少ない同期！新卒3期生！
一番リンクスで目立とうな!! これからもLove!（はるか より）

メンターシート全文を掲載するのは紙幅が限られているので、次は、発表者が選んだメンターシートの中から、特に勇気を与えられたメッセージを抜粋して掲載しましょう。

【株式会社Linksprout／WEB系営業会社】
発表者：宇都宮尚樹さん（営業職3年目）
悩み：惜しいところまでいくのに、最後の最後で手を抜いてしまう弱さがある。

【宇都宮尚樹さんが選んだ勇気を与えられたメッセージ】

・「一人の夢では叶わなくて、みんなの夢になれば必ず叶う」。俺は尚樹の夢を共に実現していきたいと思っている。グロースの福岡支社の立ち上げ必ずやろうよ。俺の右腕になれ！

・もっと自信もちな。誰でも出来ることじゃ

上司である澄悠斗次長が宇都宮尚樹さんへのメンターシートを読み上げている、メンタリングセッションの様子

ないよ。殻破って思いっきりやっていけ、周りに使うエネルギーを全て自分に。そしたら間違いなく主任にも課長にもなれる。課長の俺が言ってるから大丈夫だ。WEBの山口ならなれるだろ（笑）。

・宇都宮のような素直さをもち自分に打ち勝てる人間、宇都宮らしさ。これをlinksにグロースに伝染させていってほしい。それができる人間だから。きっと今のグロースのキーマンは宇都宮。それは他の誰かではなく宇都宮自身が一番気づいているはず!!

・絶対に大丈夫。努力の力を証明しようぜ!! 誰よりも不器用で誰よりも真っすぐで努力家なうってぃんが大好きである。

・宇都宮に言いたいのは1つだけです。「自分を信じろ」。自分のことを一番信用してください。それだけで課長にも次長にも部長にもなれます。それだけのものはすずで

にもってます。一緒にリンクスプラウトをでかくしていきましょう。まってるよ♡

この項目では、メンターシートの内容を通して「勇気を与える6要素」をお伝えしてきましたが、最後に、メンターシートを受け取った宇都宮さんが私に送ってくれた感想も掲載しておきます。

〈宇都宮尚樹さんのコメント〉

全員分目を通して涙が止まらなくて、本当に感動しました！

自分のことをこれだけの方が応援してくれていて、さらに細かく自分のことを見てくれていることに、本当にこの会社でよかったなと心から思えました。また、普段から密接に関わっていなくてもそれぞれの言葉で僕に勇気を与えてくださる文章を書いてくれて、いい加減やるぞ、と覚悟と意思決定ができました。主任まで残3成約で迎えた四半期最終月である8月に、月初に成約を取ったもののキャンセルになり、そこから20日間受注期間が空いたとき、「正直しんどいな」とも思いましたが、土曜日出社してそこで再度メンタリングシートを読んで諦めるわけにはいかないと思いました。そして日曜日に受注し、月曜日に2本成約を取って、なんとか昇格見込みがたちました。

本当にメンターシートのパワーを実感してますし、一生の宝物です!

POINT

「勇気を与える6要素」をおさえて、部下をはじめとする周囲の人々に勇気を与えよう

29

チーム全員が「やるぞ！」という気持ちになる、やる気UPツール

前項の「メンタリングセッション」は、時間や場所、より多くの社員の参加を必要としますが、比較的気軽にトライできる、やる気UPツールを紹介しましょう。

やる気UPツールも、チームや事業部のメンバー全員をやる気にさせることができます。

◉やる気UPツールのつくり方

① チーム全員の集合写真を撮影する
② 2Lサイズにプリントアウトし、一人ずつに配布する
③ 写真の裏面を9マスにわけて、左上に自分の名前と、役職アップなどの決意表明を書く
④ 残りの8マスには、1マスにつき一人ずつ、他のメンバーが、写真の持ち主本人が気づいていないであろう〝想定外〟の魅力を5個以上書く

これでツールの完成です。

チームメンバーが9名以上いる場合は、関係性の深いメンバーで構成できるように、2枚にわけて作成するとよいと思います。

表にはチームメンバー全員の写真、裏にはメンバーが書いてくれた、40個以上の自分の魅力が書かれた紙という、このツールの使い方は簡単です。

いつも内ポケットに入れておいて、ここは正念場だというときや落ち込ん

ある企業の「やる気UPツール」。仲間の魅力がびっしりと書き込まれている

だときに取り出し、見返すようにしてください。

もしくは、デスク周りに貼っておくなど、常に目に入るところに広げておいてもいいでしょう。

そのようにしてツールを見るたびに、「自分には仲間が認めてくれる魅力がこんなにあるんだ！　だからやるぞ！」と、チームメンバーそれぞれが自信をもって挑戦できるようになるのです。

◉若い世代にこそ響く「やる気UPツール」

このやる気UPツールは、3章の「17　部下に〝想定外〟の魅力を伝える『ターゲットチャーム』」でお伝えした「ターゲットチャーム」を、もう少し気軽に実施できるようにし、かつ、チームメンバーが書いてくれた自分の魅力をいつでも振り返ることができる形にしたものです。

クライアント企業の研修でやる気UPツールを作成してもらうと、「仲間とともにやっていきたい」という若い世代の思いを強く感じます。自分一人の成果を追求するよりも、チームみんなで応援し合って成長していきたい気持ちがあるからこそ、若い世代の方々は、仲間の〝想定外の魅力〟を書き出すのもスムーズです。

上司の方々のほうが、部下の〝想定外の魅力〟を書くことに難しさを感じるのかもしれません。不安に感じた人は、「17 部下に〝想定外〟の魅力を伝える『ターゲットチャーム』」を読み返してみてください。

POINT

チームのみんなで「やる気UPツール」をつくり、それぞれが常に見返せるようにしておこう

30

「魅力会議」で感動と感謝に溢れた組織風土をつくる

部下をやる気にさせる上で非常に重要なポイントである、感謝と感動については、1章から5章に至るまで、いくつかのメソッドを通してお伝えしてきました。

ここでは、感謝と感動を全社員に広げ、やる気に満ち溢れた組織風土をつくるためのメソッドである「魅力会議」を紹介します。

あなたの部下だけではなく、社員全員がやる気を出す、つまり社員全員が、「この会社で成長したい」「この職場で頑張りたい」と思うようになれば、会社の業績にいい影響がないわけがありません。

本来、組織風土を変えるのは一筋縄ではいきません。

「魅力会議」も、事前準備が不可欠ですし、全社員の参加が必須です。ただし、一度実施すれば、間違いなく組織の雰囲気は変わります。

ぜひ、全社員を巻き込んで実施してみてください！

◉魅力会議とは？

魅力会議を一言で言うと、トップが直属の部下に対し、その部下の魅力を伝えることで感動を与え、それを全社員へと広げるメソッドです。

トップは経営者が理想ですが、難しい場合は、トップに近い立場の役職に置き換えて考えてください。

〈魅力会議の流れ〉

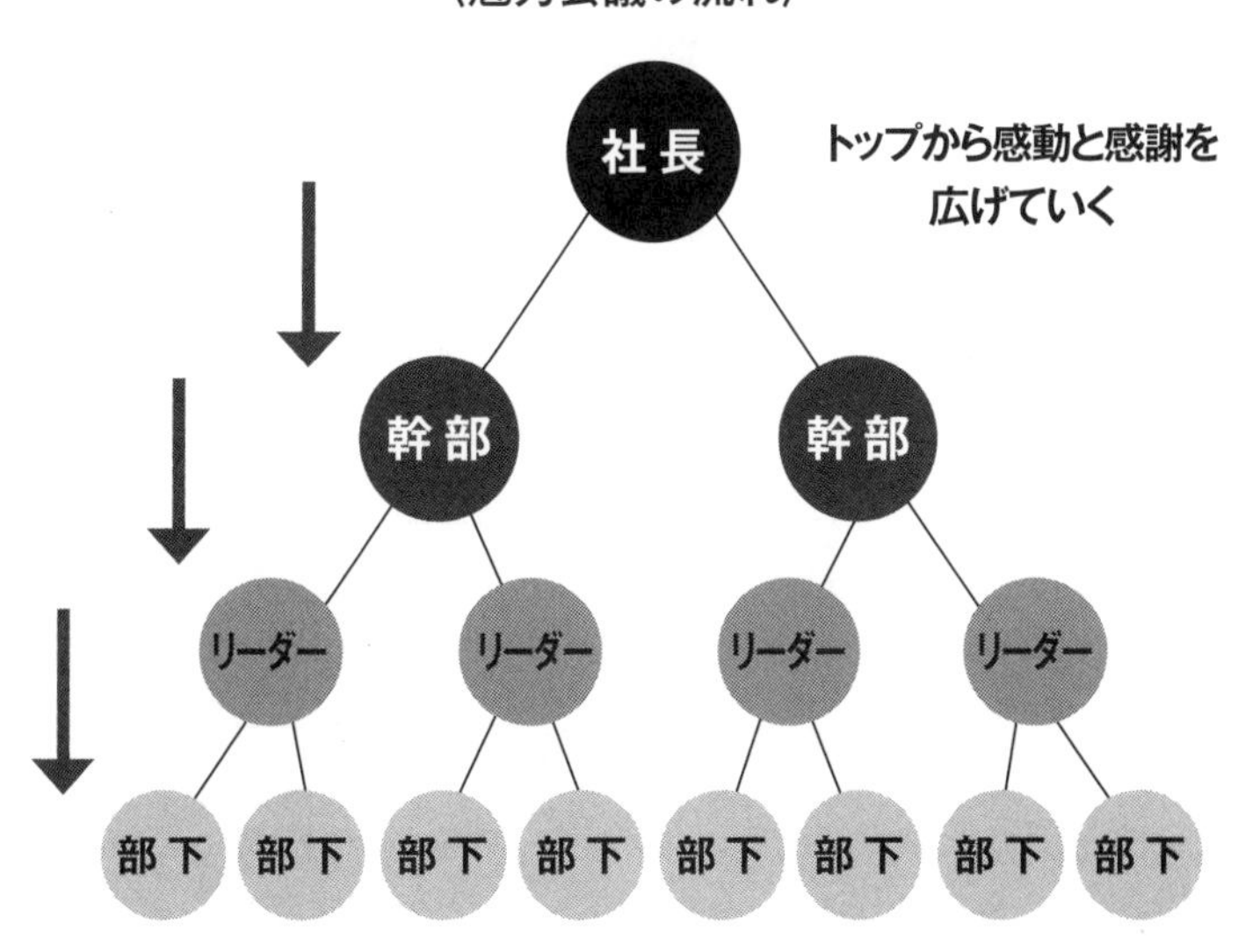

私がコンサルタントとして関わらせてもらう場合には、まずは私が、クライアント企業の経営者の魅力を50個以上と感謝の気持ちを書いた手紙を、本人に渡します。するとみなさん、「こんなメッセージをくれるなんて嬉しい」「自分の魅力に気づかせてくれてありがとう」「感動しました」といった言葉を返してくれます。そこで、「同じことをご自身の部下にしてもらえませんか？」とお願いします。

そのようにして、全社員に感動と感謝の輪を広げていくのです。

みなさんが会社で実施する場合には、きちんと計画的に進めることをオススメします。

実際にどうやって進めていけばいいのかを確認していきましょう。

◉事前準備はしっかりと

魅力会議には、準備や演出、段取りをする統括者が必要です。

本書を読み進めてきたあなた自身が統括者になるのがベストだと思いますが、同僚や上司などの協力者とともに進めたり、ほかのメンバーに統括者になってもらったりしてもよいと思います。

また、先ほどもお伝えしましたが、本来はトップから幹部へ、という流れでスタートするのが理想的です。難しい場合は、なるべくトップに近い幹部社員に、魅力会議の趣旨を話してみましょう。あなた自身が幹部であれば、他の幹部社員に相談します。賛同が得られたら、誰が誰に手紙を渡すのか、259ページのツリー図を自分の会社に当てはめてみてください。

部下全員に手紙がわたるように、ツリー図を完成させます。部下のなかの誰か一人でも欠けると失敗に終わりますから、しっかりと確認してください。

部下の魅力と、部下への感謝をつづった手紙を入れる封筒には、一生モノの封筒を用意しましょう。相手を感動させるには、見た目にも気を配りたいところです。

◉実施工程をチェック！

① 幹部からリーダー層へ

1週間後や10日後といった期限を設定し、その日までに、幹部社員にリーダー層の社員たち一人ひとりに対して魅力30個以上と感謝の手紙を用意してもらいます。挙げる魅力の数は多いほうがよいので、40個、50個以上でももちろんOKです。

用意しておいた封筒は事前にそれぞれの幹部に渡しておきます。

手紙を用意してもらう際には、左の3つの注意点を守ってもらいましょう。

・魅力と感謝の言葉は、別々の紙に書く。手書きでもPCなどで打ち込んでプリントアウトするのでも、どちらでも構いません。
・誰が誰に手紙を書くのかは、ツリー図にしたがう。
・手紙を用意していることやその内容に関しては決して口外しない。

次に、幹部社員に、自分が手紙を書いたリーダー層の社員を一人ずつ呼びだしてもらい、その場で手紙を読み上げてもらいます。

魅力を一つずつ読み上げていくと、5、6個くらいまでは、相手はただ照れているだけなのですが、それが20個、30個となる頃には、「こんなにも自分のことを見てくれているのか」と感動します。

魅力を読み上げ終わった後に、「実はもうひとつある」と言い、感謝の手紙を読み上げてもらいます。

「魅力を伝えてくれたうえに感謝まで……」とさらに感動して、泣いてしまう人も多いです。

読み終わった手紙は、封筒に入れて本人に渡してもらいます。

そして、リーダー層の社員に対して、「あなたの部下に対しても同じことをしてほしい」と伝えてもらいます。

幹部社員が少なければ、全員集合してもらって実施してもよいと思いますが、多い場合は、個別に実施してもいいでしょう。

② リーダー層から部下たちへ

リーダー層の社員にも、自分が上司からしてもらったように、部下の魅力30個以上と感謝の手紙を部下に対して用意してもらいます。ここでも事前に封筒を渡しておきましょう。

手紙を用意するまでの流れや注意点は①と同じですが、ここから先は、部下に対するサプライズイベントとして進めましょう。サプライズイベントにすることで、より感動が広がりやすくなります。

259ページのツリー図の一番下にあたる**若い世代が多い部下たちがより一層感動してくれることで、やる気が底上げされ、組織のボトムアップが可能になるのです。**

手紙を渡す際には、リーダー層の社員とその部下全員に集合してもらいます。可能であれば、幹部やトップにも集合してもらいます。どの会社でもおそらく年に一、二回は全社員が集まる機会があると思いますので、そのような機会に実施してもよいと思います。

最初に、リーダー層である上司一人が前に出て、手紙を書いた部下の名前を呼び、その部下にもみんなの前に出てきてもらいます。

次に、①と同様に、部下の魅力と感謝の手紙を読み上げるのですが、そのときには、ぜひ、音楽を流してください。音楽があることで、感動がわき上がりやすい雰囲気をつくり出すことができます。

どのような音楽がいいのかは、4章の「23 部下を感動させるポイント7【後編】」で触れているので、参考にしてみてください。

また、事前に、部下それぞれに感動する楽曲を聞いておいて、その曲を流せるとなおいいと思います。

そのようにして順番に、リーダー層の社員とその部下が前に出て手紙を渡していきます。

すると、部下たちの中には、「こんなことまでしてくれるんだ!」という驚きと、「こんなに自分のことを見てくれているんだ」という感動、最後には上司に対して感謝の気持ちも溢れてくる。

魅力会議を実施した建設商社のクライアント企業では、サプライズイベントの場に社長が同席してくれたことがありました。

その社長は、社員たちの姿を見て泣いていらっしゃいました。そして、「魅力会議以降、組織の雰囲気が前向きな方向に変わった」とおっしゃっていました。現在もその企業は、採用も順調で、離職率も低く、好業績を維持しています。

右のクライアント企業では新卒の社員が大勢活躍していますが、魅力会議は、若い世代の多い組織のほうがより効果が表れると私は考えています。

企業研修をしていると、若い世代の人たちは、自分の成功だけではなく、仲間の成功を求めており、仲間と感動を分かち合うことを本当に大切にしていると実感します。ですから、それが実現できる組織風土になれば、彼らはおのずと動き、挑戦するようになるのです。

POINT

魅力会議で感謝と感動を組織全体に広げ、やる気に満ち溢れた組織風土に！

おわりに

私はこれまで、さまざまな企業で営業研修やマネジメント研修を行ってきましたが、それらを通して感じてきた3つのことが本書を書くきっかけとなりました。

ひとつは、「部下の考えがわからない」「若い世代との接し方がわからない」というように、部下とどのように関わればいいのか、というところから悩んでいる上司の方が多いこと。

ふたつ目は、部下にあたる若い世代の人々と関わり続けるうちに、彼らの考えや価値観、求める上司像などが見えてきたこと。

最後は、部下にあたる人たちが、研修を通してやる気を出し、能力を発揮するようになったことです。

企業研修という限られた場だけではなく、本という形で「部下をやる気にさせるメソッド」を伝えることができれば、より多くの人にメソッドを実践してもらうことができます。

それは、読者になってくれた上司であるあなたを勇気づけるだけではなく、その先にいる部下の方々をも勇気づけることにつながります。

私は常々、ひきこもりから脱して以降は特に、悩みや困難を分かち合いながら、より多くの人を勇気づけたいと考えてきました。

コンサルタントの仕事は、企業の問題を解決することだと思われがちですが、実は違います。「問題を抱えた人が自分の力で問題を解決するために勇気づける」ことなのです。

人を勇気づけるということはすなわち、感動させる、やる気を出させるというふうに、相手の心を動かすことです。

世界に通用する一流のコンサルタントは、ハリウッドの脚本家の元で、人の心を動かす術を学ぶと言われているゆえんですね。

私が、かつてひきこもっていた自室から外に出たように、多くの人が、ご自身の手で扉を開け、部下とともに階段を上っていく。本書がその一助になることを願ってやみません。

少し長くなってしまいますが、これまで私を支えてくださった皆さまにこの場を借りて感謝の気持ちを伝えさせてください。

私の大学ゼミの先生であり、引きこもったときからずっと変わらず勇気を与えてくださっている日本マーケティング学会評議員の佐藤善信先生、そして、「夢は実現する」と教えてくださった母校、流通科学大学の准教授の恩師である濱田真由美先生。感動の大切さや生き様を教えてくださっている有限会社香取感動マネジメントの香取貴信さん。私の事業を投資家として応援してくださった株式会社ＬＩＧの林慎太郎先生、癌になっていても私の夢を応援する時間を作ってくれる日本全国に子供食堂を作ろうとしている橋本展行さん、いつも気にかけてくださり、応援してくださる、コミュニケーションの達人であるコミュニケーションデザイナーの井上敬一さん、どんなときも笑顔で応援してくださる世界一ゆるい YouTube 大学の小野将彦（スタイルマッチ邪兄）さん、ご多忙の中でもご連絡をくださる株式会社ネクシィーズ代表取締役の近藤太香巳社長、私の兄貴分である株式会社コニージャパンの小西正行さん、私の人生の進路指導の先生であるハスト株式会社の辰巳栄一さん、いつも承認と報連相を聞いてくださる株式会社アイリカの清水ヨシカさん、いつも笑顔で勇気と元気をくださるリーダーの居酒屋てっぺんの大嶋啓介さん、株式会社シャレの金本浩一さん、不二工営株式会社の加藤一輝さん、倫理法人会の芦田衛会長、松藤隆則弁護士、大阪都島区倫理法人会の皆さま、経営者育成委員会の４人の先生である、松井直輝先生、鈴木昭彦先生、山之口良子先生・森勲先生、経営者育成委員会2期生の皆さま、日本商店会の皆さま、ＧＣＵの皆さま、本編でも多数の社員をご紹介させていただいたリンクスプラウト代表取締役の金岡大治さん、魅力会議を多数の社員の皆さまにさせていただいた藤中秀樹さん、株式会社楓工務店／アイニコグループの田尻忠義さん、株式会社キューズフル森本隆一さん、メンターの赤松泰樹さん。そして、たくさんの人を巻き込んで私の夢を応援してくださる200万部ベストセラー作家のひすいこたろうさん、ひすいラボの皆さま、全国出版オーディションという素晴らしいイベントを企画・

開催してくださったベストセラー作家の岡崎かつひろさん、執筆にあたり、時には厳しく常に勇気をくださったKKロングセラーズの編集長である富田志乃さん、最後に「〝分かち合いの文化を世界に広める〟という夢を、人に馬鹿にされようが、絶対にあきらめたらいけない」とずっと応援してくださった日本商店会の故・星野修さん、に心から感謝しています。

この本を手に取り、ここまで読んでくださった皆さま、本当にありがとうございます。

最後に、本書に入りきらなかった未公開原稿を、皆さまにプレゼントいたします。ぜひ、巻末のQRコードから入手して読んでみてください。

今後も、あなたとあなたの周囲の人々に感謝と感動の輪が広がりますように。

松江隆明

購入者限定

2大プレゼント

・未公開原稿
・本書3章にある「ターゲットチャーム」シート

このQRコードを読み取って
「やる気」
と入力してください

プリントアウトしてご使用くださいね

※特典は予告なく終了する場合がございます。ご了承ください。

松江隆明（まつえ・たかあき）

やる気のない社員をやる気にさせるプロ。

元引きこもりの人材育成講師／経営コンサルタント。

新卒で株式会社キーエンスに入社。新人1年目で全西日本 FAIN 事業部No.1営業マンとして表彰されるも、働く意味がわからなくなり、ひきこもる。その後、西成でホームレスも経験。しかし、私のおかん（母）の「幸せは手に入れるものではなく、手の中にあるものに気づくこと」という言葉（考え方）とどんな人でも覚醒する3つの方法（手法）を構築することで、現在では、顧客満足度99.4%の研修講師として、全国の企業で企業研修を実施。これまで300社、累計2万人を育成している。【2023年全国出版オーディションに優勝】

2025年「引きこもりこそ救世主」事業を開始予定。

やる気がないと思われている引きこもりをやる気にさせる日本チャンス協会を創設。


【松江隆明コンサルティング事務所】

いまどき部下をやる気にさせる5つのメソッド
自信がない　考えない　行動できない

著　者　松江隆明
発行者　真船壮介
発行所　KK ロングセラーズ
新宿区高田馬場 4-4-18　〒 169-0075
電話（03）5937-6803 ㈹
https://kklong.co.jp/
編集協力　伊藤聡子
装　丁　冨澤崇 (EBranch)
本文デザイン　佐古鮎子
イラスト　福原伸一
印刷・製本　中央精版印刷㈱

落丁・乱丁はお取替えいたします。※定価はカバーに表示してあります。

ISBN978-4-8454-2541-9 C0034　Printed in Janan 2024